FRANCISCO GABILONDO SOLER

CRI-CRI

FRANCISCO GABILONDO SOLER
CRI-CRI

por Luis Rutiaga

Grupo Editorial Tomo, S. A. de C. V.
Nicolás San Juan 1043
03100 México, D. F.

1a. edición, junio 2004.

Nicolás San Juan 1043, Col. Del Valle
03100 México, D.F.
Tels. 5575-6615, 5575-8701 y 5575-0186
Fax. 5575-6695
http://www.grupotomo.com.mx
ISBN: 970-666-413-0
Miembro de la Cámara Nacional
de la Industria Editorial No 2961

Proyecto: Luis Rutiaga
Diseño de Portada: Trilce Romero
Formación Tipográfica: Luis Rutiaga
Supervisor de producción: Leonardo Figueroa

Impreso en México - *Printed in Mexico*

Contenido

Prólogo

No es fácil componer para niños, ya que son un público muy exigente y si las canciones no reúnen los requisitos de originalidad, creatividad, calidad e imaginación, no son aceptadas.

Hubo en nuestro país, México, un compositor que, sabiendo todo esto y conociendo perfectamente los gustos de los niños, no tuvo dificultad para crear infinidad de canciones para ellos, sino por el contrario, era tal su talento que con sólo mirar en la cocina una olla de frijoles junto a un comal, las vocales de alguna tarea escolar o escuchando el pregón de un ropavejero, era capaz de componer una canción que hiciera a los niños sentir y conocer el mundo que los rodea, llenándoles de fantasía, ritmo e imaginación.

Ese notable compositor se llamó Francisco Gabilondo Soler, mejor conocido como Cri-Cri, el Grillito Cantor. Sus canciones son verdaderos cuentos con música, que hablan de simpáticos animales como *Los Caballitos, La Patita, Los Cochinitos Dormilones* y *El Burrito*; de juguetes como *El Baile de los Muñecos, La Marcha de las Canicas* y *La Muñeca Fea*; de historias de tierras lejanas como *Chong Ki Fu, Che Araña* y *El Ratón Vaquero.*

El genio musical que le caracterizó a lo largo de su obra y la fantasía suficiente para caracterizar sus personajes y convertirlos en seres salidos del más puro lenguaje infantil, le valió su pasaporte al éxito.

Era autodidacta, gustándole mucho la astronomía, carrera que no pudo continuar debido a problemas de carácter económico.

Siempre inquieto por aprender algo nuevo, Gabiiondo Soler incursionó desde boxeo, toreo hasta natación. Desde joven se dedicó a componer canciones logrando un programa de radio al cual no le daban muchas esperanzas de triunfar, sin embargo, el público con el que contaba Cri-Cri, le valió para alcanzar la fama durante 27 años.

Gabilondo Soler, Cri-Cri, logró capturar los sentidos de infinidad de niños y niñas de las generaciones que tuvieron oportunidad de apreciar su obra, Cri-Cri era la música por excelencia a escuchar de todo niño o niña de aquellas épocas.

Logró incursionar con sus canciones en la fantasía propia de los niños sanos, que crecían en un entorno agradable apaciguando toda inquietud por jugar, por lo que se dedicaban a escuchar sus canciones. Introduciendo figuras como la del "Negrito sandía" Gabilondo Soler, logró que sus seguidores, a pesar de no vivir en un área geográfica en donde abundan los seres humanos de piel oscura, lograran aceptarlos como parte de la creación sin ningún obstáculo racista o discriminatorio. El incluirlos en su repertorio visual y musical era un acto que demostraba su gran disposición a admirar las obras de la naturaleza sin hacer más que la distinción apropiada.

Alimentado su espíritu por viejos relatos y cuentos fantasiosos que su abuela le narraba para entretenerlo, Gabilondo Soler diseñó un mundo de ensueño rodeado de música y fantasía multicolor que aseguraba un rotundo éxito. Así, generación tras generación, disfrutó haciendo un trabajo que definitivamente le agradaba pudiendo canalizar sus habilidades y talentos en algo positivo para la sociedad, de esta manera el impacto que causó en las mentes de los niños de aquel entonces fue todo un éxito.

Luis Rutiaga

Francisco Gabilondo Soler

Francisco Gabilondo Soler nació el 6 de Octubre de 1907 en la ciudad de Orizaba, Veracruz. Pasó su infancia entre cerros, bosques, ríos y manantiales, bajo una constante lluvia, al pie de un volcán nevado. Sus padres fueron don Tiburcio Goya y doña Emilia Soler Fernández. Tuvo tres hermanos, cuyos nombres fueron Augusto, Jorge y Eva. Le aburría la escuela, por lo que cursó sólo hasta el sexto grado de primaria. Sin embargo, le gustaba mucho leer. Sus libros favoritos eran los cuentos de Hans Christian Andersen y los Hermanos Grimm, así como las aventuras de Julio Verne y Emilio Salgari, los cuales acostumbraba llevarse en sus frecuentes excursiones al campo.

Era un niño inquieto y travieso, lleno de curiosidad. Aprendió mucho al estar en contacto con la naturaleza y observando a los animales del bosque. Tenía una consideración especial hacia todos los seres vivos. Creía, por ejemplo, que no había que eliminar insectos sin averiguar primero su función, el por qué estaban ahí.

Estudió en forma autodidacta Geografía, Matemáticas, Literatura y Astronomía, que sería la gran pasión de su vida. Soñaba con realizar grandes viajes y vivir emocionantes aventuras. Se trasladó a la Ciudad de México, para buscar fortuna, aprendiendo el oficio de linotipista. Como deportista, incursionó en el boxeo, la natación y el toreo. Disfrutaba de la música y aprendió a tocar el piano de oído, utilizando una vieja pianola que le prestaban en unos baños públicos.

Francisco Gabilondo Soler empezó la profesión que sería clave en su vida a los 23 años, componiendo algunos tangos, danzones y fox-trots. Poco después, incursionó en la radio, interpretando en la XEW algunas composiciones humorísticas, por lo que fue bautizado por el vate Ruiz Cabañas como *El Guasón del Teclado*.

Más tarde, Emilio Azcárraga Vidaurreta, dueño de la XEW, le sugirió que utilizara su chispa para producir algo para niños, y el 15 de octubre de 1934, a la 1:15 de la tarde, inició un programa que aún no tenía nombre ni patrocinadores, pero que duró 27 años al aire.

En esa primera emisión de 15 minutos, acompañado de un piano, Francisco Gabilondo Soler interpretó sus primeras canciones infantiles: "El Chorrito", "Batallón de Plomo", "Bombón I" y "El Ropero".

Poco después, nació el personaje de Cri-Cri, el Grillito Cantor. Su imagen es la de un grillo café, vestido con frac rojo y que está tocando un violín en forma de hoja, con un arco que es una ramita de árbol.

El programa empezó a tener gran éxito y su creador continuó estudiando música, para perfeccionar lo que había aprendido de oído y poder escribir las partituras de los músicos que lo acompañaban.

Después de seis años de transmisiones radiales de Cri-Cri, Francisco Gabilondo Soler decidió hacer realidad su sueño de viajar. Consiguió trabajo como marinero en un barco mercante que partía del puerto de Acapulco rumbo a Sudamérica. A bordo de éste navegó por el Océano Pacífico, cruzó el Estrecho de Magallanes y conoció Tierra del

Fuego; luego continuó por el Atlántico, desembarcó en Buenos Aires, en donde tomó los ritmos de sus canciones "Che Araña" y "Tango Medroso", recorrió el Caribe y desembarcó en el puerto de Veracruz.

Además de sus prácticas marinas, para conocer a fondo la navegación estudió esa materia y recibió de la Universidad de Annapolis el diploma por haber completado el curso de Navegación Celeste.

El viaje duró un año, después del cual regresó a su programa infantil en la XEW. El Grillito Cantor se despidió de sus radioescuchas en 1962 y 22 años después, en 1984, recibió un homenaje y volvió a tocar durante 15 minutos el legendario piano del estudio Verde y Oro de la XEW, al que solamente tuvieron acceso el operador de audio y dos personas más, a petición de Gabilondo Soler, pero la transmisión fue disfrutada por miles de admiradores.

De joven, Francisco Gabilondo Soler acostumbraba visitar con algunos amigos el Observatorio Nacional de Tacubaya, donde trabajó como voluntario, actividad que tuvo que dejar debido a su precaria situación económica. Cuando sus éxitos musicales le permitieron tener una posición económica desahogada, se dedicó de lleno a la Astronomía.

En 1951, ingresó a la Sociedad Astronómica de México como miembro activo. Deseando mejores cielos para sus prácticas de Astronomía, hizo construir un observatorio en el pueblo de Tultepec, al norte de la Ciudad de México, para que los aficionados como él pudieran realizar prácticas astronómicas. Posteriormente cedió esas instalaciones a la Sociedad Astronómica de México.

A mediados de los setentas, para eludir el ambiente citadino, decidió retirarse al pueblo de Tocuila, cerca de Texcoco, en donde construyó una casa con cierta semejanza a la que tuvo en su infancia. A pesar de los efectos de la edad y las limitaciones visuales, siguió dedicado a la Astronomía y, excepto en sus últimos días, a la lectura.

Francisco Gabilondo Soler murió mientras visitaba el País de los Cuentos, el 14 de diciembre de 1990, a los 30,384 días de edad, como le gustaba contar, siendo aficionado a los números; es decir, cuando tenía 83 años y 69 días.

Cri-Cri

Francisco Gabilondo Soler comenzó el programa de Cri-Cri en 1934 en la XEW. Casi desde el principio acompañó sus canciones con pequeños relatos para enlazarlas, y es así que a lo largo de los años inventa personajes y aventuras en el país de la fantasía para varias generaciones de niños. Su último programa de radio fue en 1961.

El mundo de Gabilondo Soler, al igual que en las fábulas, está poblado de personajes-animales (Cri-Cri mismo encabeza la lista), que reflejan la vida, recuerdos, aversiones y amores del autor. En sus melodías se reproducen ritmos tradicionales y los de su época, como el fox-trot y la rumba, que conviven con polkas, corridos y tangos.

Cri-Cri nunca habló al público infantil de manera sentimental ni moralizante. A pesar de los sabios consejos y los suspiros cuando una de sus aventuras acaba mal, Cri-Cri jamás deja las andadas, las ideas descabelladas o las travesías insensatas. Sabemos que casi todas las aventuras tendrán mal fin y sus enredos se disfrutan mucho más que sus lecciones. Su lenguaje es rico, sus temas, cotidianos; su burla y crítica de personajes y situaciones, maldosas y amenas. Sus tonadas y letras abarcan desde lo más culto hasta lo más sencillo y popular.

Cri-Cri canta las canciones vinculadas a sus recuerdos de infancia, su tierra natal, su primer programa y sus afectos más constantes: el mar y la naturaleza. Gabilondo Soler fue boxeador, torero, escritor, astrónomo aficionado, viajero constante y músico consumado, inquieto como un grillo.

Inició su carrera en la industria de la radio —en la XEW—, y con las primeras disqueras: durante mucho tiempo éste fue el único programa para niños, y Cri-Cri se convirtió en un personaje exitoso y popular.

Cri-Cri representa una época y, desde sus inicios, muestra una nostalgia por la pureza del entorno, la vida rural y provinciana, la armonía sin ruido, la libertad de los mares. Ese mundo ya había desaparecido cuando él lo cantó. Por eso nos sentimos como si estuviéramos mirando una foto vieja y anticuada; compartimos con él, en cambio, la nostalgia.

Con él se formaron los niños, a pesar de no ser pedagogo, porque era ameno. Cri-Cri nos divertía porque él mismo gozaba jugando, cada domingo, en sus programas. Aunque se irritara, salía airoso de todas las peripecias que emprendía. Sabíamos que cada siete días entraba y salía de mundos fantásticos, se metía en aprietos y los solucionaba: no como un héroe, sino como cualquiera de nosotros lo hubiera hecho.

En su primer programa de radio como Cri-Cri, el 15 de octubre de 1934 a la una y cuarto, Francisco Gabilondo Soler estaba solo ante un micrófono enorme (así eran en aquellos tiempos, pero más grande le parecía por el nerviosismo) y un piano. Cantó *El chorrito*, que entonces tenía una letra distinta, con estos versos sin la explicación de la nieve, los volcanes y el paisaje.

Antes de iniciar el programa de Cri-Cri, Gabilondo Soler había hecho canciones cómicas: en la XEW era *El Guasón del Teclado*. Tuvo mucho éxito, a los niños les gustaba, entonces le propusieron que hiciera un programa solamente para niños. Cri-Cri cantaba y hacía cuentos o historias para que hubiera algo atractivo además de las canciones.

Dos semanas después de la primera presentación, apareció Cri-Cri como personaje —su nombre significa *grillo* en francés— y su rúbrica:

¿Quién es el que anda aquí?
¡Es Cri-Cri! ¡Es Cri-Cri!
¿Y quién es ese señor?
¡El grillo cantor!

Al principio Cri-Cri tuvo acompañamiento de un violín. El programa era a las siete de la noche, porque es la hora de los cuentos y de la merienda. Se podía escuchar el programa de radio sin apartar la vista del plato, sin peligro de atragantarse ni de comerse una mosca, como sucedería si hubiera sido un programa de televisión.

Al poco tiempo aparecieron en el programa el locutor que leía los anuncios, Manuel Bernal, quien leía los cuentos (ya había hecho antes un programa para niños que se llamaba El Tío Polito) y los operadores que hacían los sonidos especiales, efectos mecánicos o hechos con la boca: Alpiste, Peimbert, Pajarito.

Todos recordamos las trompetillas, los golpes, los lloriqueos y berridos, los ladridos, balidos, barruntos, hipos y tenebrosos suspiros de fantasmas en los castillos. Con la melodía y la letra, siempre aparecen en la memoria los cascos de los caballitos, junto a una alegre tonada.

Cri-Cri mezcla recuerdos e invenciones. Si los niños pueden entrar al mundo de la fantasía, también los animales y muñecos pueden actuar como seres humanos en el mundo cotidiano, aunque sea en una ciudad de hace más de cincuenta años.

Cri-Cri acompaña las canciones con historias. A veces no tenían mucha relación unas con otras, pero a fuerza de escucharlo cada domingo, se sabía muy bien quiénes eran los habitantes del bosque y los de las calles de la ciudad —aunque transformados en chivos, patos o palomos— y a nadie sorprendía este ir y venir entre lugares fantásticos y sitios comunes y corrientes: era normal escuchar a un niño protestar por las natas como imaginar a un conejo panadero.

Los programas eran una mezcla de cuentos, anuncios, canciones, noticias, festividades, estrenos y pura imaginación. Con algunos intervalos de descanso, el programa de Cri-Cri se transmitió durante casi 30 años. Tres generaciones lo escucharon en la XEW, dos más lo conocen a través de sus discos y cintas.

Cri-Cri fue hecho para la radio y con la radio. Nunca se sintió a gusto fuera de la radio ni pudo pasar por televisión, donde hay que ser un poco actor y los sonidos y acompañamientos son grabados. Su programa fue el último "en vivo"; todo se hacía en las cabinas hasta que dejó de transmitirse. Hoy resulta difícil oírlo como se escuchaba entonces. Es raro que los niños sepan escuchar sin tener ante los ojos la imagen de la pantalla del televisor; es difícil motivar a la imaginación sólo con el oído. Pero es posible. Antes, los niños lograban hacerlo porque no tenían más remedio ni había otra oportunidad. A pesar de todo esto, los niños de hoy todavía aprenden y disfrutan las canciones de Cri-Cri.

Desde su primera aparición en la radio, Cri-Cri confiesa con orgullo su origen veracruzano. Los temas, ritmos, personajes y giros del lenguaje de su terruño abundan en sus canciones; incluso algunas molestias que todos hemos sufrido por aquellas tierras húmedas y calurosas.

La mayoría de las canciones y cuentos de Cri-Cri tienen como escenario el reino de la fantasía. No todo es miel sobre hojuelas y castillos de dulce por allá: también hay villanos como el Ratón Vaquero y el Abejorro Mostachón. En ese lugar también hay malas almas y malos pensamientos.

Otro escenario favorito de Gabilondo Soler es el bosque, donde cuenta entre sus amigos a "gentecilla de pelo y pluma". El grillo les platica sin parar —más de una vez los niños nos sentimos animalitos, sentados delante de Cri-Cri. En el bosque les gusta oír sus aventuras en la ciudad, en lugares lejanos y en países que no se encuentran en ningún mapa.

Para viajar Cri-Cri usa melodías, modismos y ritmos que nos permiten situarnos en China, Arabia, España o el oeste de los Estados Unidos. Para los niños de entonces estos lugares eran conocidos sólo a través del cine, los libros de cuentos y estampas, o en el mejor de los casos, los libros escolares y las clases de geografía. Cri-Cri era el único que llevaba a los niños a esos lugares desconocidos, haciéndoles cerrar los ojos para elevarlos por los oídos.

La vida perfecta del bosque y la naturaleza tiene sus problemas cuando llegan hasta allá personajes de la vida real. Cri-Cri cuenta y canta sobre la diferencia entre este mundo y el cotidiano en una parábola o fábula donde el contraste entre lo familiar y lo inusitado resulta visible —pero las distancias, a fin de cuentas, son salvables.

A Cri-Cri le gusta viajar, lo hace por cielo, tierra y mar durante toda su vida para así aprender y contar sus andanzas a los niños y a los animales del bosque. No todos los viajeros son como él. Hay algunos tan presumidos que hacen alarde de sus viajes aun antes de emprenderlos y cotorrean con otros tan parlanchines como ellos.

Cri-Cri se lanza a viajes por países exóticos, su pasaporte y su visa son los ritmos y acentos del lugar: *Gallegada, Rusiana, Jorobita, Chinescas* y otras canciones ilustran sus viajes por el mundo. Sus frases en lengua "extranjera" siempre fascinaron y fueron motivo de asombro, aunque sean irrepetibles.

Francisco Gabilondo Soler consiguió, en la XEW, un público enorme y una popularidad inmediata. Su lenguaje, sus melodías y temas son los del momento. También sus aversiones y preferencias. Cri-Cri nació para la radio y se consagró con ella.

Cri-Cri nunca se fastidia del mundo de la fantasía, pero el ruido de la ciudad acaba por volverlo loco. La tensión, prisa e irritación de este lugar son temas de constante burla. Cri-Cri es un cronista extraordinario. Sus canciones recrean una época, un lenguaje; los personajes son de la vida diaria, del espectáculo y del cine. Su público —cautivo y fiel— bebió de sus programas cuentos y canciones donde, si bien se dan buenos consejos y se prodigan sabias enseñanzas, no se calla la situación exterior —sin sacrificar nunca la diversión al hacer una crítica aguda.

Dichos, refranes, creencias, valores y modismos del lenguaje del México de los años treinta, sobre todo, abundan en las canciones. Los pone en boca de distintos personajes, propios de la época: gatos con bigotes untados de manteca, misivas de amor escritas por evangelistas —escribanos por encargo— en los portales de Santo Domingo, veladores que despiertan con sus silbatos a los perros, gallos que aún se escuchan en las barriadas, muchos personajes callejeros.

El lenguaje arrabalero de los corridos de Cri-Cri lo acerca a la carpa, sus personajes son como los héroes populares del cine mexicano y de las historietas; su música no es distinta de la de los programas para adultos.

Cri-Cri da vida a regionalismos geográficos y de clase. También da por hecho: la universalidad de la familia de clase media, la existencia de servicios domésticos, las tiendas de abarrotes con un español tras el mostrador, niños en patines o bicicleta por las calles, estanquillos desde donde pasan llamadas a los vecinos. Son vivencias comunes de su época, como lo son los requiebros del lenguaje.

Las canciones y textos de Gabilondo Soler son el retrato de un México que se ha ido. La fantasía de Cri-Cri está fuertemente arraigada a una realidad vivida por los niños que jugaban en la calle, tenían amigos por el rumbo, maestros detestables y padres autoritarios, gendarmes, mercados y llanos a la vuelta de la manzana. Las circunstancias han cambiado, las situaciones retratadas no. Por eso su humor, sus ritmos y sus letras aún se cantan y celebran.

Cuando Cri-Cri decidió hacerse músico, no le fue difícil: sólo hay siete notas. Por las letras de las canciones tampoco sufrió mucho, pues todos saben que siempre tratan de lo mismo: un amor imposible.

Cri-Cri crea personajes malvados, pero tan divertidos como los Cuatro Invencibles: Roco, Tico, Maco y Paco. Tienen mala fama en el barrio, regresan tarde a casa, todos mugrosos y con agujeros en las rodillas de los pantalones, y gastan rapidísimo los zapatos. Son más majaderos que el Negrito Sandía, pero aguantan las palizas de la tía Ripia con cuero más duro que el del zapatero remendón. Sus héroes admirados son los piratas, y a gritos cantan su canción, deteniéndose con sentimiento en aquello de no lavarse los dientes.

Incluso los Cuatro Invencibles tienen algunas virtudes: nunca se aburren, no se acusan pues no son chismosos, no hacen berrinches como el niño de la merienda y comen cuanto les ponen enfrente (excepto los platos)... nunca, nunca lloran, como el perrito, aunque tengan dolor de muelas.

Cri-Cri es defensor de la educación, la lectura y el conocimiento. Durante un tiempo sus canciones se prohibieron en las escuelas, aunque años más tarde incluyeron algunas en los libros de texto gratuito. Si bien los animales van contentos en el caminito de la escuela, abundan los episodios de rechazo al autoritarismo y los profesores regañones.

Los castigos y reprimendas, comunes en sus canciones, son la otra cara de la supuesta libertad e inocencia de la infancia y la educación —casera o escolar.

Cri-Cri es un autor de los años treinta, cuarenta y cincuenta —a pesar de que su éxito radiofónico dura hasta principios de los sesenta. Los discos casi nunca incluyen sus cuentos, ni los programas en vivo; tampoco la burla y las reflexiones donde declara ser poeta o hace su testamento y lo atribuye a un loro huasteco.

Cri-Cri es esta mezcla de relatos y canciones: nunca pudo pasar con éxito al teatro, el cine o la televisión. Para verlo hay que imaginarlo, como se hacía ante un radio. Las orquestaciones y arreglos no le prestan jamás lo que la imaginación de los niños, entrenados para escuchar, le dieron entonces: su propia imagen visual.

Pese a su localismo, los modismos de otra época y la burla a situaciones del todo diferentes de las vivencias actuales, los niños aún escuchan a Cri-Cri, por supuesto auxiliados por la memoria de los adultos. Pocas canciones son tan conocidas en nuestro país como las de Cri-Cri. Deben tener algún ingrediente que las hace apetecibles.

Cri-Cri plasma y retiene el lenguaje de una época, reúne los lugares comunes, refranes y crea otros nuevos usando la cultura cotidiana de su tiempo. El lenguaje es sin duda su personaje más importante. Permanece, como Tin-Tán, Cantinflas, el cine de la Época de Oro: reproduce, adorna, reinterpreta y hace perdurar un periodo de este país. Tal vez Agustín Lara y Francisco Gabilondo Soler sean los personajes de esa época que más popularidad han alcanzado en tiempos más cercanos a nosotros. *El gato carpintero* es el equivalente musical de Pepe el Toro, de "Nosotros los pobres". *El chorrito* forma parte de un temprano mundo musical que se adquiere en la infancia.

Quizá su vigencia se deba a la postura burlona ante los temas más diversos: su descripción divertida y fiel de la malcrianza, el miedo y las reprimendas; su tratamiento humorístico de asuntos familiares que aún se discuten casi en la mesa de cualquier comedor: la escuela, las relaciones familiares. Las situaciones naturales de la niñez como el capricho de no comer, el decir malas palabras o no hacer la tarea, son vigentes y Cri-Cri las recrea tomando siempre el partido de los niños, de la libertad —pintada no como demagogia sino como loca carrera de las canicas escaleras abajo.

Cri-Cri habla a los niños de cualquier cosa con un lenguaje sin ñoñería ni sentimentalismo, incluso de los asuntos que supuestamente no deben discutirse con ellos: pobreza, maridos flojos, deudores que no pagan, escapadas de la escuela, pavos sacrificados en Navidad, brujas, sirenas sin corpiño, el desprecio y los pleitos entre clases, sociedades de poetas o de sordos, de ladrones, corruptos o mentirosos.

Nunca trata a su público con sensiblería, pero a través de los animales les hace más fácil el tránsito a un mundo conflictivo, en el cual participan los niños, pero del que se les aparta.

En Cri-Cri, aunque a veces predique y moralice, gana la ironía y nunca deja de ser burlón sin caer en la amargura ni en la sorna. Se alía con los niños y pregona la risa, la sospecha y la travesura como recetas infalibles para conservar el recuerdo de haber sido pequeño: desordenado, fantasioso, irreverente, libertario y jubiloso —hasta donde es posible. A pesar de los pesares, a través de las generaciones y a sesenta y cinco años de su primer programa, pervive y revive no sólo como costumbrismo, sino como parte de la cultura popular que camina con otro paso y hacia los lugares más extraños.

En las escuelas y en las casas se canta *El chorrito*. Todos, absolutamente todos sabemos que las chapitas de la hormiga eran redondas y coloradas. Cuando los niños están de malas se les dice: "te pareces al chorrito".

La fantasía es como una planta en el patio y necesita que le cuide y riegue. Para que crezca mejor y más verde, debe alimentársele, pero no sólo de cosas dulces, porque los niños no son abejas y no deben nutrirse de pura miel. También hay que darles probaditas de otras cosas.

A Cri-Cri le encanta asustar a los niños. ¡Pero si todos sabemos que les gusta tener un poquito de miedo (no mucho), y que éste disminuye a fuerza de leer cuentos, cantarlo o decirlo! De día, los gigantes son montañas; en el paisaje nocturno muchos monstruos sólo son camisas mal acomodadas sobre las sillas.

El miedo asusta, pero gusta y para que pase, Cri-Cri recomienda: "Si sientes miedo, muérdete un dedo..."

A fin de cuentas, Cri-Cri cree que vivir dichosamente es sencillo. Basta con no olvidarse que todos fuimos niños, no pasarnos la infancia queriendo ser grande, no creer que lo que nos gusto de chicos es una tontería cuando crecemos, aunque tal vez lo sea. No hay que vivir, a ninguna edad, cuidando el alma como si fuera reumática; hay que darse el lujo de chapotear por los charcos después de la lluvia, disfrutar sin hacer nada, no pintar la vida de gris y de tareas que se deben cumplir y pasear sin dirigirse a ninguna parte.

Cri-Cri
Tiempo
de Aprender
Cri-Cri
el Mundo
Cri-Cri
DIGITAL 2
Francisco
Gabilondo Soler
(Cri-Cri)
40 Temas Originales

Cuentos y Canciones

Francisco Gabilondo Soler compuso 210 piezas, de las cuales 207 se conservan y tres están perdidas. Cantó prácticamente todas sus canciones en sus programas de radio, pero no grabó en estudio (para disco) más de 116. Casi todas estas canciones las grabó una sola vez, con excepción de *Campanitas, Juan Pestañas* y *El marinero*, que grabó dos veces. Otras ocho se conservan en grabaciones de archivo, tomadas en vivo del programa. Una fue grabada en estudio disquero por otros intérpretes (Tilín y Raulito), mas no por él. Tres fueron grabadas por Tin-Tan en estudio cinematográfico. De las 77 restantes, no hay grabaciones de ningún tipo, aunque en la mayor parte de los casos se conserva la música, en partitura.

En la discografía no aparecen las grabaciones piratas, ni las grabaciones de archivo anteriores a las grabaciones en estudio (mencionadas en las notas a cada canción), ni los discos perdidos. Desgraciadamente, entre 1949 y 1957, RCA Victor grabó 55 canciones en 27 discos sencillos, de los cuales no quedó rastro.

Las canciones más grabadas han sido *Di por qué* (21 veces), *Cochinitos dormilone*s (20), *La muñeca fea* (20), *Marcha de las letras* (20), *La patita* (19) y *El chorrito* (18).

La correspondencia entre la letra y la música de las canciones de Cri-Cri suele ser memorable, pero tiene complicaciones. Hay versos que, leídos sin recordar la música, resultan cortos o largos, porque las sílabas cantadas pueden alargarse o abreviarse. Hay también el problema de las repeticiones, que son más naturales al cantar que al leer. Es muy común que la música se repita enteramente, pero no la letra, porque sería pesado.

Casi todas las canciones de Cri-Cri son fábulas, en la milenaria tradición de personificar a los animales y a las cosas. Pero no todas son narrativas: hay también poemas líricos, paisajes pintorescos, viñetas sociales, juguetes cómicos. Además de las canciones que son cuentos en verso, escribió cuentos en los cuales el relato avanza a ratos en prosa y a ratos en canciones, que no se pueden desprender, porque no se entenderían. En estos casos, se incluyen los tramos de prosa.

—¿Quién es el que anda aquí?
—¡Es Cri-Cri! ¡Es Cri-Cri!
—¿Y quién es ese señor?
—¡El grillo cantor!

Un grillito convertido en señor

Cri-Cri es un señor que una vez fue grillo: un grillito que vivía en campos y bosques tocando su pequeño violín. ¿Por qué se volvió señor? Pues porque cuando era grillo, la vida de Cri-Cri estaba llena de peligros. Si por la noche se acercaba a alguna casa tocando una serenata, no faltaba durmiente irritado que le arrojase cuanto hay de arrojadizo;

o, si Cri-Cri se atrevía a entrar en alguna habitación con afán de lucir su arte, las damas asustadas por su aspecto pedían a gritos la ayuda de una escoba, una bomba insecticida o hasta de la misma policía.

Sí, ¡ser grillito estaba lleno de inconvenientes! Por eso Cri-Cri se volvió señor; un señor del tamaño más grande posible para quedar a salvo de pisotones, escobazos y lluvias insecticidas.

Siendo ya señor, Cri-Cri procuró imitar a los demás señores, refrenando su intenso deseo de caminar a saltos y de morder la ropa de algodón; pero su alma siguió siendo la de un grillo amante del violín y afecto a visitar los hogares para narrar con música, las aventuras que le ocurrieron en lejanos lugares desconocidos. Podría preguntarse ¿Cuándo sucedió esa trasformación de grillito a señor? La respuesta carece de importancia; si fue hace mucho o hace poco Cri-Cri mismo lo ignora. Los milenios, los siglos, los montones de años con todavía más montones de días, horas y minutos nada significan para él. Cri-Cri asegura que el tiempo comenzó cuando su abuelo adquirió un gran reloj de péndulo que todavía hace tictac en un rincón del comedor. Por mucho que se columpie el péndulo de ese reloj, más rápida se agita la cola de un perro. El tiempo es una cadena de sucesos y eso de la edad no pasa de ser una cosa muy relativa.

Un nietecito preguntó a su abuela:

—¿Cuantos años tienes?

—Veinte —mintió la anciana sonriendo.

—¡Oh! —exclamó el niño—. ¡Yo creía que eras más joven!

Cri-Cri está convencido de que las abuelitas no son damas viejas sino muchachas antiguas, casi siempre con el don maravilloso de saber contar cuentos; mas, ¿porqué se ven las abuelitas así? ¿Por qué? Ojalá alguien pudiera explicarlo.

Di por qué

Di por qué, dime abuelita,
Di ¿por qué eres viejita?
Di ¿por qué sobre las camas
ya no te gusta brincar?
Di ¿por qué, usas los lentes?
Di ¿por qué, no tienes dientes?
Di ¿por qué, son tus cabellos
como la espuma del mar?
Micifuz, siempre está
junto al calor, igual que tú.
Di por qué, frente al ropero
donde hay, tantos retratos,
di ¿por qué, lloras a ratos?
Dime abuelita, ¿por qué?
Di por qué
frente al ropero, donde hay
tantos retratos, di ¿por qué
lloras a ratos? Dime abuelita
¿por qué?

Desacuerdo de Cri-Cri

La gente adulta, las personas ya crecidas, son incomprensibles, y sus juegos habituales carecen de sentido. Tal es la opinión de Cri-Cri. Los mayores casi siempre se divierten con un juego que llaman comercio, el comercio se juega así: dentro de la tienda hay un largo mostrador detrás del cual hay una señorita o un joven que se pasan el día mirando hacia la calle. Entran otras personas a cambiar dinero por objetos poco interesantes, que rara ves son dulces o juguetes. El que entró vuelve a salir con su paquete y el vendedor guarda el dinero en un cajón. ¿Para que lo guarda? ¡Con lo bonito que es arrojar las monedas al riachuelo para verlas brillar en el fondo como peces redondos! Ese juego de cambiar dinero por cosas que no son ni golosinas ni muñecos, lo repiten sin cansarse jamás; y, lo que es peor, los jugadores nunca ríen. Hay otro juego de grandes que llaman "velada literario-musical". Lo juegan así: se llena un salón de gente sentada, una señorita canta algo muy agudo ¡como si acabara de ver un ratón! Después canta un señor con voz tan baja que recuerda un toro amarrado. Suele terminar el juego con otro señor más que dice versos, pero moviendo tan sólo las manos y los brazos. Si el declamador agregara alguna voltereta a su recitado, parecería más bonito su acto. Al final, todos los sentados aplauden pero poco ríen. Cri-Cri no puede comprender tanta seriedad: él prefiere los juegos de los pequeños en los que si hay carcajadas y se corre, se salta, se grita y nadie queda quieto.

Cuando un niño inconforme asegura que ya quiere ser grande, Cri-Cri emplea toda su elocuencia para demostrarle que eso de crecer es una pérdida de tiempo. Además, para crecer, hay que soportar años terriblemente largos. Hasta la fecha han sido infructuosos los esfuerzos de los astrónomos para que la tierra gire más aprisa alrededor del sol; el día que lo logren, los años serán más cortos y frecuentísimas las fiestas de aniversario con pasteles, tartas y lindos regalos. Con estos años tan largos mucha gente se aburre hasta el bostezo.

Aquellos que trabajan nunca se hastían, si es que de veras trabajan; pero los desocupados, no sabiendo cómo usar el tiempo, caen en el tedio. Ignoran el placer que entraña una activa cacería de moscas, no se les ocurre rascarse la barriga, movimiento especial que dio origen a la invención de la guitarra, y ni siquiera contemplan las nubes algodonosas para observar los perfiles cambiantes que semejan cabezas de gigantes o de animales fantásticos. A lo más que se esfuerzan los ociosos, si tienen con qué, es a meterse en algún sitio nocturno como "El Barril Desvencijado", establecimiento en donde comen por dos, beben por cuatro y les cobran por ocho.

Ché Araña

Al fondo del barril desvencijado,
que alumbra un rayo de sol,
la araña en sus hilos baila tango
con los acordes del bandoneón.
Don Gato imita el instrumento
estirando farolito de papel,
y su cola menea con sentimiento
llevando el ritmo del baile aquel.
¡Ché Araña!
Baila con maña,
hay que contar
tres pasitos
arrastraditos
pa' delante y para atrás.
Entre las astillas carcomidas
que quedan del viejo tonel
se asoma petulante la clientela,
y de puntillas penetra en él.

Brillantes cucarachas aburridas.
Pulgones fatigados de picar.
más otras sabandijas relamidas
que se reúnen a trasnochar.
¡Ché Araña!
Baila con maña,
hay que contar
tres pasitos
arrastraditos
pa' delante y para atrás.
¡Ché Araña!
Baila con maña,
hay que contar
tres pasitos
arrastraditos
pa' delante y para atrás.

El arte de reír

Las personas afectas a trasnochar, a vivir de noche como si fuera de día, son taciturnas y poco propensas a reír. Podría objetarse que los animales, aunque se acuestan temprano, tampoco ríen ni son expresivos, pero un observador atento, que se tomara el trabajo de permanecer varios años en la selva africana quizás llegaría a sorprender la amplia sonrisa de un león en el instante preciso en que al cazador se le acaban las balas.

No es necesario ir hasta el África, basta el jardín para captar el suspiro alegre de la tortuga que por fin llega al extremo lejano de la senda.

En cuanto a los gatos, todos ellos ríen de noche sobre el tejado y con suavidad sarcástica los animales jamás prodigan la risa por no poner en entredicho a muy famosos parques zoológicos.

El valor de la seriedad es muy apreciado por los personajes importantes; cuanto más serios se muestran, más categoría les concede el mundo. ¿Sabe alguien de algún payaso que haya llegado a ser jefe de estado?

Contener la risa es una disciplina esencial; si una persona que pasa llevando una bolsa de huevos resbala en el piso mojado, cae y se le rompen todos los huevos, debemos reprimir la carcajada y reservarla hasta llegar a casa. En privado se pueden hacer cosas que serían mal vistas en la calle; en la intimidad hogareña podemos reír cuando nos venga en gana, sobre todo si nos reímos de nosotros mismos; reírse de uno mismo es altamente saludable y mucho más generoso que estallar en carcajadas cuando un semejante va a dar al suelo con dos docenas de hermosos huevos.

Otra actividad casera que puede ensayarse sin temor a comentarios es el baile. La danza es una tendencia natural que se ha practicado en todas la épocas por individuos blancos, negros, amarillos, rojizos, aceitunados o de colores intermedios.

Bailar es agradable y útil al organismo; hacerlo en público tienen sus peros, en cambio, en casa, en una habitación aislada con un receptor de radio o con un aparato tocadiscos, cualquiera puede entregarse a las contorsiones que discurra su imaginación.

El baile a puerta cerrada evita engrosar y aunque algunos gordos jamás adelgacen, adquieren gracia, lo que no es de despreciarse. Cuando nadie lo ve, Cri-Cri bailotea como azogado no necesita cuerda como le sucede a ese juguete de hoja de lata carente de iniciativa.

Negrito bailarín

Si sospechas que traigo aquí
será todo para ti.
Dulce no es, fruta no es,
nieve tampoco es...
Si me dices lo que será
te pertenecerá,
piensa despacito
para adivinar...
Abre la caja
es un juguete
de hoja de lata
para ti...
¡Un negrito bailarín
de bastón y con bombín,
con clavel en el ojal,
pero que se porta mal!
¡Hey amigo, lo compré
para ve' bailar a uste',
perezoso mueva los pies!
Dale cuerda y ya verás
como se acuerda y puede bailar...
¡Morenito, vamo a ve'
si por fin se anima uste',
y no' baila algo de tap!
¡Un negrito bailarín
de bastón y con bombín,
con clavel en el ojal,
pero que se porta mal!

¡Hey amigo, lo compré
para ve' bailar a uste',
perezoso mueva los pies!
Dale cuerda y ya verás
como se acuerda y puede bailar...
¡Morenito, vamo a ve'
si por fin se anima uste',
y no' baila algo de tap!

Encuentro con un publicista

Allá en el bosque, sentado sobre el tronco de un árbol caído, Cri-Cri se ocupaba en borrar de la pauta muchas notas musicales sin porvenir, un ruido de pisadas en la hojarasca lo distrajo y alzando la cara vio venir hacia él un hombrecillo regordete con una facilidad de palabra que demostraba haber practicado mucho. El recién llegado se presentó: Ditirambo Farfulla a sus órdenes ¿Ordenes? Cri-Cri no se las da a nadie como no sea un reloj despertador para que repiquetee a las seis de la mañana. Bien, pues el muy conversador Ditirambo Farfulla resulto ser un publicista en busca de nuevos horizontes. Publicista es aquel que redacta y se encarga de hacer circular anuncios, avisos y toda clase de reclamo comercial. Este Farfulla pretendía entrar al País de los Cuentos, terreno virgen en cualquier tipo de promociones, mas aunque no se necesite pasaporte al país de los cuentos no se entra así como así. Es preciso tener costumbre de traspasar las fronteras entre lo real y lo imaginario. Como a Cri-Cri le encanta introducir gente nueva, con la mejor voluntad tomó la mano de Ditirambo Farfulla y en menos que canta un gallo ya estaban ambos al otro lado.

Hay que confesar que el País de los Cuentos se parece mucho a nuestro mundo, excepto en el modo como ocurren las cosas. Sin dejar de pensar en el interés que le movía, Farfulla encauzó hábiles preguntas para averiguar quien era el personaje más rico en el País de los Cuentos.

"Yo soy rico" aseguro Cri-Cri. Gasto menos de lo que gano y siempre me sobra, pero no era eso lo que Farfulla quería saber sino quien tenía más propiedades en aquella región. Después de un breve silencio Cri-Cri recordó que el dueño de bosques, prados, lagunas y lomas era el gnomo ¿Y cómo llego ese gnomo a adquirir tantas riquezas? Muy sencillo respondió Cri-Cri. Gritaba: "esto es mío, esto es mío, esto es mío" y así gritando terminó porque todo era suyo. Ditirambo Farfulla estaba pasmado de admiración. A su vez, codiciando una vega florida, pretendió gritar ¡Esto es mío! "Imposible" le advirtió Cri-Cri porque el Gnomo ya gritó antes. Lamentando no ser propietario a tan poco costo Ditirambo Farfulla se consoló con buscar a tan afortunado magnate para sacarle dinero a cambio de publicidad, pero una cosa es buscar al Gnomo y otra muy distinta dar con él.

Lunada

La luna garapiñada
quitando estrellas
salió a brillar
solita, redonda y bella
con luz de nacar pa' regalar.
Los gnomos están de fiesta
a la floresta van a bailar.
Los grillos con sus violines

tocan y tocan sin descansar.
Ranita, dime cómo
puedo encontrar al gnomo.
Tal vez será su casa
aquella gran calabaza.
Ranita, dime cómo
puedo encontrar al gnomo
¡Croac, croac! ¡Croac, croac!
¡Pues la luna te lo dirá!
La noches de plenilunio
a campo abierto serán así
calientes si son de junio
y fresquecitas si son de abril.
La luna ya está muy alta
parece plata con fondo azul,
y el gnomo de blanca barba
quiere bajarla con un bambú.
Ranita, dime cómo
puedo encontrar al gnomo.
Tal vez no esté muy lejos
bailando con los conejos.
Ranita, dime cómo
puedo encontrar al gnomo.
¡Croac, croac!¡Croac, croac!
¡Pues la luna te lo dirá!

Los negocios imposibles

Sí, la luna te lo dirá. En aquel atardecer, la luna creciente colgada del cielo apuntaba sus cuernos hacia el oriente cuando Cri-Cri y Farfulla preguntaron donde estaba el gnomo. La luna respondió "esta detrás de ustedes". Ambos amigos se volvieron sin lograr ver a nadie. "Está detrás de ustedes" volvió a repetir la luna, solo que así se gire a toda velocidad, el gnomo siempre queda detrás de uno y, como es muy incorrecto hablarle a quien este detrás de nuestras espaldas, Farfulla desistió de dirigirse al rico gnomo que hubiera podido gastarse un dineral en avisos y anuncios de toda clase. Antes de buscar otro posible cliente, Ditirambo Farfulla que ya tenia apetito preguntó ¿Aquí, donde se come? En ningún sitio y como viera a Farfulla alarmado tomándolo por los hombros Cri-Cri lo volteó para que respirara la brisa que en ese momento soplaba desde el trigal. Cinco o seis profundas aspiraciones de aire triguero equivalen a comerse un pan de buen tamaño. Cri-Cri previno a Farfulla que cuando la brisa cambiara soplando desde el pantano, se abstuviera de inhalarla porque el aire del pantano es venenoso y huele a ranas despeinadas.

Esa advertencia hizo que Farfulla preguntara si en el País de los Cuentos se acostumbran los perfumes. Claro que sí dijo Cri-Cri; cuando queremos oler perfume nos ponemos una abeja viva en el labio superior debajo de la nariz como bigotito ¿Porqué una abeja? Pues porque como las abejas liban continuamente en las flores adquieren un aroma delicioso. Ditirambo Farfulla pensó que en aquel raro país anunciar alimentos y perfumes resultaría ruinoso, pero algo debe haber aquí, insistió Farfulla, que guste mucho a los habitantes. Desde luego les gusta escribir versos; los pobladores del País de los Cuentos están dotados de un alto sentido poético. Todos son vates pero sus versos jamás se publican pues, tal como sucede en el mundo real, ningún poeta puede soportar las rimas de otro poeta.

Farfulla hizo un gesto de contrariedad. Adiós promoción de lindos tomitos de poemas, mas el ropaje, los vestidos, las galas. Eso sí debe ser una línea muy importante. Cri-Cri sintió mucho tener que enfriar el entusiasmo de Farfulla. En las regiones de la fantasía la ropa nunca se estropea; basta consultar cualquier libro de cuentos para comprobar que sus personajes jamás desechan su indumentaria. Quizá podría yo anunciar algún espectáculo favorito, insistió el empeñoso Farfulla, pero Cri-Cri volvió a desinflarlo al explicarle que los contadinos o sea los habitantes del país de los cuentos tienen por espectáculo favorito las puestas del sol y nadie estaría dispuesto a gastarse un céntimo en algo gratuito. Bien, bien, admitió el implacable Farfulla, pero las comunicaciones ¿Qué clase de comunicaciones hay aquí? Pues las noticias grandes y los chismes se mandan en paloma mensajera; las noticias poco importantes se envían a lomo de tortuga. ¡Teléfonos! exclamó Farfulla. Lo que aquí se necesita es el teléfono, ese invento, repiquete maravilloso y entusiasmado con su idea Farfulla improvisó una frase publicitaria "La edad media con teléfono, habría sido la edad completa" Cri-Cri apenado por su amigo le informó que si hay teléfono, uno solo pertenece a doña zorra quien lo usa para procurarse disgustos.

El teléfono

Metida en su casita con su gorra y delantal
estaba Doña Zorra ocupada en remendar,
pero su teléfono no deja de llamar,
y corre al audífono para preguntar:

Riiing Riiing
¡Bueno, bueno, bueno!
¿Con quién quiere usted hablar?
No, aquí no es estanquillo
ni conozco a ese Pepillo
al que quiere usted llamar.
Riiing riiing
¡Bueno, bueno, bueno!
Ya me empiezo yo a cansar.
Señor está usted equivocado,
aquí vive Doña Zorra
y sus zorritos nada más.
Riiing Riiing
¡Bueno, bueno, bueno, bueno!
¿Qué me quiere usted decir?
¡Ay! ¿qué tal Doña Patita?
¡Qué milagro comadrita
que se deje usted oír!
Riiing Riiing
¡Bueno, bueno, bueno!
la esperamos por aquí.
Y así verá que mi zorrito
el chimuelo y raboncito
ya también sabe escribir.
Riiing Riiing
¡Bueno, bueno, bueno, bueno, bueno, bueno!
¡Le digo que aquí no es!
A ver si se va usted fijando
y cuando esté marcando
no lo haga con los pies.

Riiing Riiing Riiing Riiing
¡Bueno, bueno, bueno, bueeeeeeeeno!
ya no sea usted tan molón,
aquí no es la comisaría,
ni me importa si su tía
se ha caído del camión.

Triste fin de una promoción

El publicista Ditirambo Farfulla estaba desesperado, pesimista y con el corazón a la altura del estómago. Había previsto dificultades pero lo terrible era haber logrado entrar al país de la fantasía y carecer de ideas, sólo que un publicista auténtico jamás acepta la derrota; si algo es malo jura que es bueno y si es bueno proclama a trompetazos que se trata de algo archiexcelente.

Farfulla procuró no exagerar su situación por muy habituado que estuviera a las exageraciones; entonces se le ocurrió proponer un álbum a todo color titulado "Quién es Quién en el País de los Cuentos". Al pie de los grabados diría maravillas de cada subscriptor por una modesta suma de bastante importancia. Cri-Cri, servicial, le ofreció introducirlo con famosos personajes de la fábula.

Desde luego procuraron no acercarse al Dragón. Al Dragón lo usan en tantos cuentos que siempre está con un humor de todos los dragones. Los Siete Enanos se interesaron por la idea pero ¿Porqué una gran página para cada uno de ellos? Están muy orgullosos de ser pequeñitos. Les gustaría figurar cuando más en una hoja de papel de fumar y todos reunidos porque jamás se han separado.

Entrevistar a la Bella Durmiente resultó imposible; estaba dormida. Ir a ver al Gato con Botas resultaba insensato;

es demasiado marrullero y nadie le puede sacar ventaja. Cri-Cri y Farfulla se apersonaron con varios gigantes buenos; los gigantes malos son intratables, pero a los muy grandulones el álbum les pareció demasiado chico. Simbad El Marino encontró la proposición excelente pero exigió que su retrato apareciera en papel mojado ya que un navegante empedernido necesita la humedad tanto como el aire que respira.

En total los personajes famosos pusieron tantas dificultades que casi parecían artistas de cine. Sin abandonar su ideal del álbum, Ditirambo Farfulla se conformó con hacerlo a base de tipos de menor cuantía como los animalitos y muñecos que figuran en las canciones de Cri Cri. Eso era fácil; Cri Cri le presento patos, perros, gatos, ardillas, ositos de peluche, un camello que mastica goma, etcétera; todos ellos preguntaron si el álbum era algo de comer y si sabía a dulces. Farfulla ya tenía jaqueca. ¡No me hablen de dulces cuando estoy tan amargado! Exclamó lastimosamente.

¡Toma igual que Bombón I!, ¿quien es ese Bombón?

Se le contestó que era el rey de un cercano castillo de dulce. ¿Un castillo hecho con dulces? ¡Mi oportunidad!, gritó Farfulla recobrando la esperanza y sin despedirse de Cri-Cri echó a correr hacia el castillo construido con golosinas; cruzó el puente levadizo como vendaval y topó con Bombón I, un reyecito de chocolate con narices de maní.

Haciendo honor a su nombre Farfulla farfulló todo un plan para atraer al turismo. Bombón, alarmado, lo hizo echar por su guardia de acaramelados caballeros con cascos de merengue. Ese rey vive temeroso de los geógrafos, procura que se ignore la latitud de su castillo, se esfuerza en que no se sepa tampoco la longitud y mucho menos que se divulguen juntas latitud y longitud pues en cuanto se averigüe donde queda ese sitio, en un santiamén el castillo estará a reventar de curiosos.

El Rey Bombón I

Hubo un Rey en un castillo
con murallas de membrillo,
con sus patios de almendrita,
y sus torres de turrón.
Era el Rey de Chocolate
con nariz de cacahuate,
y a pesar de ser tan dulce
tenía amargo el corazón.
La Princesa Caramelo
no quería vivir con él,
pues al Rey en vez de pelo
le brotaba pura miel.
Aquel Rey al ver su suerte
comenzó a llorar tan fuerte,
que al llorar tiró el castillo
y un merengue lo aplastó.
En los bosques del castillo
han sembrado un gran barquillo,
y lo riegan tempranito
con refrescos de limón.
En el lago la cascada
es de azúcar granulada,
y el arroyo, en vez de piedras,
va arrastrando colación.
La Princesa Caramelo
a su paje Pirulí
lo mandó con el monarca
a decir por fin que sí.

El Marqués de Piloncillo,
mayordomo del castillo,
lo ha limpiado con la lengua
para que se case el Rey.

Tratado de la lluvia

Aquella tarde, después de la hora de la comida, cuando el reloj había dado algunas campanadas, aunque no muchas, un gran grupo de nubes fue tapando el sol poco a poco; eran nubes grises como esos forros feos con los que nos ordenan cubrir las tapas coloridas de los libros escolares.

Faltó luz y en unos cuantos minutos la tarde temprana se volvió muy vieja. Tan plomizo estaba el cielo que hasta los patos esperaron agua de arriba, a pesar de tenerla muy abundante debajo.

Va a llover aseguraron los menos observadores. Así fue. Un trueno sonoro anunció el comienzo de la función y una batuta de rayos se encargó de la obertura. La lluvia se dejó caer sobre techos y cementeras; Cri-Cri llamó a los animalitos:

¡Vengan, qué gran oportunidad para estudiar la lluvia en su aspecto más mojado! En plena calle, sin cubierta que le valiera, Cri-Cri vio una explicación. Sabía que, aunque bastante húmeda, si las gotas de lluvia son gordas las nubes que sueltan esos goterones están muy altas; en cambio, si las gotas son finas y delicadas eso indica que las nubes están bajas.

Algunos conejos y varios perritos ingenuos miraron hacia lo alto para comprobar las palabras de Cri-Cri. El aguacero arreciaba, los conejos sintieron fuertes piquetes en los ojos, los perrillos corrieron hacia el techo más cercano sacudiéndose su piel lanuda ¡Nuestros ojitos rojos se lastiman! Protestaron los conejos. Los perros, por decir algo, también ladraron con un gua gua bastante necio. Cri-Cri, conservando aun la dignidad bajo el chubasco, fue incapaz de retener el interés de su auditorio sobre el volumen de las gotas que caían y mientras se prefiera la comodidad a las observaciones, a todo trance la ciencia seguirá encarcelada en los libros caros.

Por otra parte sin necesidad de literatura ni texto alguno todos están de acuerdo en que la lluvia es algo muy bueno. Sin humedad la vida es imposible. En aquellas regiones donde nunca llueve no hay plantas, ni árboles, ni fabricantes de capotes, impermeables y paraguas. A todo esto seguía lloviendo. Cri-Cri estaba empapado ante la estupefacción de varios mirones reumáticos que no podían comprender la alegría de andar pisando charcos.

Llueve

Escondidos en su cueva
los conejos desde ayer
asomados al boquete
no hacen más que ver llover.
Pues mientras siga lloviendo
no pueden salir a correr.
Un conejo que se llama
Colita de Algodón
saboreando su lechuga
espera la ocasión
de que se sequen los campos
y de que brille el Sol.

¡Llueve, llueve!
¡llueve, llueve!
Las gotitas de la lluvia
se dejan caer.
¡Llueve, llueve!
¡llueve, llueve!
Los conejos se divierten
viéndolas correr.
Una gotita que rebotó
a Don Conejo lo salpicó
¡Llueve, llueve!
¡Huy, cómo llueve!
Las gotitas cuando saltan hacen
¡pim pim pom!
¡tin tin tin!
¡pim pim pom!
¡tin tin tin!
¡pim pim pom!
¡Llueve, llueve!
¡Huy, cómo llueve!
Las gotitas cuando saltan hacen
¡pim pim pom!
¡tin tin tin!
¡pim pim pom!
¡tin tin tin!
¡pim pim pom!

¿Quien dijo aburrirse?

Escuchar el repiqueteo cantarín de la lluvia y ver como cae el agua, siempre de arriba abajo, con venerable constancia, es algo que siempre gusta a los espíritus contemplativos. Gentecilla hay, más dinámica, que encuentra el proceso tonto.

La lluvia obliga a los niños a quedarse en casa. Estar encerrados les parece bastante aburrido

—¿Aburrirse en casa? —preguntó Cri-Cri—. Eso es un desatino morrocotudo y para demostrar que lindamente se puede gozar entre cuatro paredes, tomó unas tijeras, algunas hojas de papel y se puso a recortar bonitas figuras blancas.

Según la sirvienta, el piso de la habitación quedó hecho un basurero pero los recortes tuvieron el don de entretener. No fue eso todo; a continuación Cri-Cri propuso "ahora, puesto que la tarde está triste y la luz pardea, encenderemos una vela", la bujía chisporroteó con resplandores misteriosos, entonces Cri-Cri, juntando ambas manos, las hizo tomar formas ingeniosas que se proyectaban sobre la pared como siluetas de gansos, cisnes, perros, gatos, soldados con kepí y hasta cabezas de brujas tontas.

Los niños estaban encantados. Con sus manitas trataron de producir sombras sobre la pared blanca. La llama inmóvil de la vela se prestaba a ello; las siluetas hechas por los niños aun no eran perfectas por que las sombras chinescas, así se llaman, piden tiempo y paciencia como los problemas de los números quebrados.

Pero que fácil es interponer un dedo vertical entre la vela y la pared. Su sombra parece una "i", los dedos cordial e índice abiertos semejan una "v" victoriosa y el gordo dedo pulgar de perfil y doblándolo de prisa en la pared parece un enanito botijón que dice que "sí".

Muy pronto los niños se hastiaron de las figuras difíciles que producía Cri-Cri y comenzaron a interponer sus cabezas entre la luz y el muro para verlas convertidas en pelotas con oreja. Esther una linda niña, que aun ignora cuan linda es, encontró enfadosa toda esa teoría óptica de las sombras y alzando su voz sobre el bullicio de la demás chiquillería dijo a Cri-Cri "no me gusta estar a obscuras, ni que llueva, ni quedarme a la fuerza en casa; siento como si estuviera castigada"

Cri-Cri aconsejó tener paciencia. La paciencia es el arte de esperar y la esperanza abarca toda la vida. Un castigo es otra cosa. Bien lo sabe Cri-Cri al recordar sus días de colegio.

Jota de la "J"

En la mitad de la clase
me reprendió el profesor
cuando dije que la jota
es un bailable español.
¡Valiente maleta!
grito hacia mí,
la jota es la letra
después de la i.
¡Qué noticia! ¡Tiene gracia!
Pues a poco no voy a saber
que mi abuela la bailaba,
y por cierto mi abuelo también.
Trajo un gran diccionario.
Muy enojado lo abrió.

Y señalando una letra
el profesor exclamó:
¡Estúpido niño vergüenza me da!
La jota es la letra antes de la k.
¡No me diga! ¡ay que raro!
Si señor pues muy claro lo sé
que la Jota es un baile
donde truenan los dedos, y ¡olé!
Todos los niños salieron.
Yo castigado quedé.
Y con rigor me pusieron
a que escribiera en papel.
Llenarlo de jotas que rabia me dió,
pero yo les puse ¡jo jo jo jo!
¡Qué noticia! Lo celebro,
y me alegro que así sucedió.
Zaragoza, junto al Ebro,
es en donde la Jota nació.

Una damita difícil

Esther (o Teté, para nombrarla cariñosamente) volvió a hacer un mohín, parando la trompita. Esa controversia musical entre las letras del alfabeto y un baile español le pareció tan ociosa como el recuento de las lentejas que puede contener un plato sopero.

Como seguía lloviendo (y esta vez más), Teté dio rienda suelta a su mal humor. Es extraño que mujercitas tan lindas, se pongan tan feas de repente. ¿Por que?

¡Oh , eso no se explicará jamás!

Cri-Cri había usado todos sus recursos de entretenimiento: figuritas de papel, sombras chinescas, cuentos cien veces repetidos; pero Teté seguía mal encarada.

Si Cri-Cri hubiera sabido algo sobre el color de las telas, el revuelo de los encajes, los fulgores de las joyas, los veinte distintos modos de lucir un moño u otros temas de la moda, quizás habría logrado captar la atención de ella; pero, especializado en música sencilla y en fantasía complicada, mal podría opinar Cri-Cri sobre gustos femeninos.

A todo esto, la lluvia arreció y Cri-Cri tuvo que marcharse desafiando la tormenta para ir en ayuda de sus amigos, los insectos, a quienes un aguacero intenso pone en graves aprietos. Las súbitas torrenteras de los campos arrastran a muchos pequeños seres. Había que darse prisa en salvar hormigas, mariposas escarabajos e indefensas arañas patilargas.

La niña Teté quedó sola. Tan triste tenía la figurita, que su aya discurrió invitar a los pequeños vecinos de la casa contigua para que viniesen a jugar con ella.

Esos vecinos, de ruidosa fama en el barrio, se llaman a sí mismos Los Cuatro Invencibles; y por orden de edad sus nombres verdaderos son Roco, Tico, Maco y Paco.

Pues sí, los muchachillos aceptaron ansiosos la invitación y acudieron con tal ruido que más parecía que iban entrando en la casa diez caballos y un mulo retozón. Sin la timidez que caracteriza a otros chicos, dieron por conquistada la plaza, y comenzaron una serie de juegos violentos sin hacer caso de Teté que los veía azorada. En menos de diez minutos simularon disparar, cazar, matar.

Derribaron las sillas, destrozaron dos jarrones, se encaramaron a saltar sobre la mesa del comedor. Descubrieron una escoba y, con su largo mango, intentaron hacer añicos cuanta lámpara y cristal quedaban a su alcance.

Los truenos, afuera, parecían eco del escándalo de adentro. Fue preciso hacer regresar a Los cuatro Invencibles a su casa, ¡a rastras y evitando mordiscos y puntapiés!

En la casa de Roco, Tico, Maco y Paco quizá hasta las cortinas sean de acero bien templado, o Los cuatro Invencibles acabarían por destrozar el mismo polvo.

Cuando regresó Cri-Cri de su expedición de salvamento, encontró a Teté, no sólo disgustada, sino aún más mustia y sobresaltada. A esa niña grande ya no le gustan los juegos ni los cuentos; tiene tendencia a permanecer en el balcón, en actitud de otra edad, acechando muy distintos goces.

Teté

Desde la mañanita
hasta el anochecer
ni un momento se quita
del balcón la niña Esther.
Aún no tiene catorce
brilla de juventud
pero la chiquita
quiere un príncipe azul.
¿Qué pasa muchacha
qué quieres que no
tengas junto a ti?
Métete Teté
que te metas Teté
métete Teté
que te metas Teté

métete Teté
no lo repetiré
he, metete Teté.
Lágrimas o consejos
no la pueden convencer
sigue en los balcones
y a lo lejos mira Esther.
Solo pasan morenos
y uno que otro gandul
pero nuestra niña
quiere un príncipe azul.
Escucha, pequeña
¿qué harán tus muñequitas
ya sin ti?
Métete Teté
que te metas Teté
métete Teté
que te metas Teté
métete Teté
no lo repetiré
he, métete Teté.
Métete Teté
que te metas Teté
métete Teté
que te metas Teté
métete Teté
no lo repetiré
he, métete Teté.

Cuatro barbajanes en acción

Los Cuatro Invencibles tenían toda la tarde libre: libre para lo que les pluguiera hacer, con la única condición de pedir permiso para todo.

Es sabido, por muchos sabedores, que, desde tiempo antiguo, los pequeños aceptan condiciones con la misma facilidad con que las olvidan. "Solo iremos hasta el parque", prometieron Roco, Tico, Maco y Paco; pero ya encamino, siguieron hasta mucho más lejos, hasta la pradera inmensa que linda con el río. El cielo estaba tan azul, el sol tan brillante, que el paisaje de la tarde parecía no tener fin. Los Cuatro Invencibles titubearon entre emprender una pedrea general o jugar a emboscarse. Como por ahí no había guijarros ni para remedio, desecharon la atractiva idea de descalabrarse los unos a los otros; y emboscarse fue lo que procuraron. Cerca del río abundan los arbustos apretados y tupidos, entre cuya maraña se extraviaría el perro más aprovechado de una escuela policíaca. Fue delicioso arrastrarse bajo el ramaje, dejando en él pedacitos de ropa (destrozo que más tarde enojaría a la tía Ripia); pero en aquellos momentos, entrar más y más bajo la espesura, emocionaba a los niños.

Reptaban entre la vegetación, cuando comenzaron a escuchar un rumor sordo que variaba en intensidad.

Gracias a la práctica adquirida en muchas sesiones de cinematógrafo, Roco, Tico, Maco y Paco reconocieron el rimbombar de tambores selváticos. "¿Habrá salvajes aquí?" A punto estuvieron de huir a gatas desgarrándose bajo la espesura; mas una voz alegre los contuvo. Era Cri-Cri gritándoles:

—¡Vengan acá! ¡Verán qué bonito!

Ya confiados, ardiendo en curiosidad, se acercaron a Cri-Cri. Estaba éste sentado en el suelo, con varias plumas de pavo pegadas a la nariz y las orejas, teniendo por delante: dos botes vacíos, un odre caduco y varios cocos huecos.

—¿A qué juegas, Cri-Cri?

—A ser primitivo. Soy el jefe Quimbongó. ¿Desean pertenecer a mi tribu?

—¡Si! —exclamaron entusiasmados los Cuatro Invencibles—. ¿Qué debemos hacer, jefe Quimbongó?

—Pues Tocar los tambores con gesto fiero, invocando al dios Badulaque, para que nos sea propicio en un ataque a la tribu de las ranas del río.

Los nuevos guerreros comenzaron a golpear concienzudamente los botes viejos, los cocos huecos y el odre medio inflado. Resultó una batahola realmente selvática que se escuchó hasta el fin de la pradera, y que hubiera alarmado a más de cuatro, de no ser por la seguridad geográfica ofrecida por todo el océano Atlántico, que los ponía a salvo de feroces ataques africanos.

Cri-Cri y los niños estaban tan concentrados en la producción de estruendos, que no pudieron escuchar a las campanitas gordas que, a la hora debida, anunciaron el fin de la tarde.

Campanitas

¿Qué horas son?
¡No lo sé!
Las campanas
don din dan
repicando lo dirán.
¿Qué horas son?

¡Yo no sé!
Cuando oigas
dan don din
es que son las seis al fin.
En la torre el tecolote
ya se despertó. ¡uh, uh!
El cuclillo del reloj
respondió ¡cu cú!
¿Que horas son?
¡Son las seis!
Las campanas
dan din don
te lo dicen en canción.

Aventura chinesca interrumpida

Roco, Tico, Maco y Paco, los amiguitos de Cri-Cri, después de participar en el improvisado tamboreo primitivo, y dejando para otra ocasión bombardear con fango a las ranas del río, retornaron a casa ya entrada la noche.

Su aventura tuvo un final trágico; tras la puerta los esperaba la tía Ripia armada con un garrote y varios sermones biliosos, para amenizar. Consecuencia de la escapatoria: amén del rudo recibimiento, al día siguiente Los Cuatro Invencibles quedaron castigados en sus habitaciones, sin permitírseles poner los pies ni en el patio.

La jornada transcurrió con una lentitud insoportable. Cuando el sol estaba colgado en el cielo, estilo tres de la tarde, Cri-Cri, enterado de la prisión de sus amigos, se coló en la casa (asunto bastante fácil para él, ya que una vez fue grillito).

Roco, Tico, Maco y Paco tenían el gesto más triste que un calendario a fin de año. ¡Cómo echaban de menos los tambores y la proyectada ofensiva contra las ranas del río!

Para consolarlos, Cri-Cri inventó otro juego:

—Ahora seremos chinos.

En la cocina se procuraron una sartén, dos cacerolas, el molinillo del café, cucharas y un puñado de fideos mojados. Los fideos mojados se ponen bajo la nariz, y semejan largos bigotes de mandarín. Abanicos, aunque distintos de los usados en el lejano Oriente, los hallaron abundantes en un cajón del cuarto de la tía Ripia que, por fortuna, estaba ausente.

A cada frase chinesca de Cri-Cri, Los Cuatro Invencibles debían contestar: "¡Chin-chinchin!", pero acompañando la respuesta con música oriental (a lo que contribuía el gato, cada vez que le pisaban la cola). Y dieron comienzo a su fantasía, mientras los vecinos se preguntaban si acababa de inaugurarse alguna hojalatería. El retorno inesperado de la tía Ripia dio al traste con el concierto de música chinesca. La emprendió a escobazos contra sus sobrinos, sin que de ello se librara Cri-Cri. Este huyó porque, desde aquellos días en que fue grillito, le ha quedado un desagradable complejo con relación a las escobas. Cuando la distancia hizo innecesario correr más, Cri-Cri pensó: "¿Por qué las tías regañonas siempre encuentran mal las sugestiones fantásticas que yo les hago a los chicos? ¡Hum! Posiblemente porque esas tías han olvidado por completo que alguna vez fueron pequeñas". Sin este olvido lamentable de los mayores, carecería de importancia el envejecer; todos los seres serían tan alegres, como en el momento de llegar a la vida.

La mariposa

Nació en una rosa,
a la hora que cantan las hadas.
Una linda mariposa
con brillantes alitas plateadas.
Retoñito que se mueve
y que pronto ha de volar,
cuando vueles no te olvides
de venirme a visitar.
Por eso nosotros
estamos de fiesta,
que venga la orquesta
y empiece a tocar.
Estamos contentos
por la mariposa,
somos felices
queremos bailar.
Ya va la chicharra
a rascar su guitarra,
y el chapulín
a tocar su violín.
Y acompañando
el canto del agua
salta el jilguero
que toca flautín.

Cri-Cri poeta fracasado

La escobiza de la tía Ripia había sido contundente.

A Cri-Cri le dolía el amor propio; tanto, que tuvo que sentarse de lado durante varios días.

Cri-Cri hizo examen de conciencia: "Soy demasiado juguetón; eso me malquista con la gente seria. Quizá alguna disciplina mental lograría aplacar mi carácter cascabelero". Tratando de enmendarse, Cri-Cri solicitó datos sobre un curso de poesía por correspondencia.

Pronto obtuvo respuesta; la información era amplísima.

Aparte del hecho prosaico de tener que pagar dinero por las lecciones, lo demás era satisfactorio. Se le recomendaba el estilo de poeta lírico, tipo quejumbrón, que es altamente apreciado por la sociedad más copetuda. El curso comprendía: gimnasia de consonantes, malabarismo de versificación y la copia disimulada de poemas ya conocidos.

El curso de poesía, por correspondencia, está al alcance de cualquiera y solo exige dejarse adelgazar. En efecto, los poetas más distinguidos suelen lucir muy pocas carnes; cosa bastante fácil, ya que los mismos editores de libros se encargan de la dieta del vate.

Todo aquello le pareció razonable a Cri-Cri, excepto la insistencia del profesorado en recomendar especialmente la versificación aflictiva. "La risa es un bostezo ruidoso", aseguraba el folleto. "La gente fina gusta de las lágrimas intensamente temblorosas. Esta Academia garantiza el dominio del lloriqueo sin recurrir a la manipulación de las cebollas".

Cri-Cri meditó: pese a su buena fe en reprimir lo jacarandoso del ánima, le pareció demasiada renunciación convertirse en contribuyente de más rimas dolientes, de las que ya circulaban bastantes toneladas.

A todo esto, comenzó a soplar la brisa vespertina, y las pequeñas hadas se dejaron llevar suavemente sostenidas por el viento. Llegarán muy lejos, hasta donde la brisa se canse y quede quieta. Ya de noche, las pequeñas hadas volverán a sus casitas de flor, cabalgando sobre luciérnagas de vuelo incierto, como luceros perdidos en la sombra.

"¿Como podría yo describir eso con amargura?" se preguntó Cri-Cri. El chirrido de una carreta distrajo su meditación.

La carreta, con su gran falda verde de cañas recién cortadas, barría los flancos polvorientos del camino, y el enorme buey que la tiraba traía una mariposa multicolor revoloteando sobre el testuz, como un alto pensamiento bello.

"¡No!" Protestó Cri-Cri. "Renuncio a las lágrimas distinguidas. ¡Que triste resulta tener que vivir contento!" Y, sintiendo mucho no poder ganar gloria como poeta sufridor, Cri-Cri volvió a las andadas describiendo ciertas bodas en la única forma que puede hacerlo.

Casamiento de los palomos

Van los novios en camino
a la iglesia del lugar
son dos blancas palomitas
que se van a casar.
La paloma es preciosa
y el palomo muy gentil
con un pico color de rosa
para besarla feliz.
¡Levantate *vestrum*

getes maleficorum!
¡Cuibus maleficis
non trompeatis tropeteatis!
¡Trapecium andarates
andatorum matrimoniatis
per secula seculorum!
Los palomos se casaron
hay que gusto que nos da
currucutucú, currucutucú.
los palomos se casaron
y los van a retratar
currucutucú
ahora vamos a almorzar.
Que bonitos esponsales
con banquete de postín
que elegantes animales
todos los que están aquí.
Los palomos se casaron
y se van de la ciudad
currucutucú
los iremos a dejar.
Además el padrecito es un pingüino barrigón
que al hacer "gluglú" da la bendición
hay también un monaguillo picarillo y retozón
ese un "Cu-cú" que ha salido del reloj
Los pollitos a la novia acompañan
y la cola en sus piquitos van llevando al caminar.
Los palomos se casaron
y se van de la ciudad

currucutucú,
los iremos a dejar.

Modo de flotar en el agua

Muchas personas, por vivir lejos del mar, jamás llegan a conocerlo. El mar es una enorme extensión de agua.

Esa agua es salada. ¡Si se mete un dedo y luego se chupa, sabe rico!

La primera vez que Cri-Cri llegó frente al mar creyó hallarse ante una gran llanura azul, y con borreguitos. Las olas lejanas, que vienen rompiendo unas contra otras, semejan carneros muy blancos; pero no dicen "beee". Hacen ¡shshsh!

El fin del mar, ese horizonte que alcanza la vista, está recortado en piquitos. Lo más bonito que sucede sobre esa superficie líquida es el continuo pasar de los barcos.

Un barco es como un zapato que flota. Así como hay mucha variedad en el tamaño y el estilo de los zapatos, también la hay en los barcos, pero los barcos están construidos con principios distintos de los de la fabricación del calzado. Los zapatos sólo contienen los pies; los barcos pueden contener mucha gente, toda ella con zapatos. Hay barcos tan grandes que parecen ciudades flotantes con enormes comedores, teatros, piscinas de natación, salones para jugar, baños lujosos, barberías, tiendas y tantas distracciones que los viajeros que navegan en ellos nunca tienen tiempo de ver el mar.

Muchos no pueden comprender por qué flotan los barcos de hierro. Flotan porque están huecos y así pesan menos que llenos de agua. Esto podrá parecer tonto, pero hubo que esperar a que lo descubriera Arquímedes. Cuando las embarcaciones desobedecen al profesor Arquímedes, se hunden y sólo quedan en la superficie los eternos carneros blancos de las olas. Mucha gente recela del mar. No sólo por miedo de que el barco se hunda, sino también porque el barco se balancea. Ese contoneo incesante puede producir malestar y los viajeros delicados se ponen tan verdes como un caramelo de menta. Los verdaderos marinos nunca se ponen verdes, prefieren el color tostado.

Cuando Cri-Cri vio el mar y le contaron lo que sucede en él, con gran valor decidió contemplar el océano desde la orilla, y ver los barcos pasar por el horizonte salino recortado en piquitos.

Marina

Una barquita de vela
engalanada de azahar,
envuelta en azul,
con picos de sal,
recorre el fin del mar.
Si la barquita se aleja,
o si navega hacia acá,
no puedo saber,
me basta con ver,
si al cabo se agranda o se va.
Rompe la ola al reventar.
Rompe de frente sin descansar.
Sobre la playa de suave arena
rompen y truenan las olas del mar.
¿Qué sentirá el marinero

cuando está solo en medio del mar,
entre las olas y el cielo,
siempre tan lejos
de su dulce hogar?
¿Qué sentirá cuando mira
un rayo que gira
cambiando de luz,
el parpadeo constante
del faro brillante
que está en Veracruz?
Rompe la ola al reventar.
Rompe de frente sin descansar.
Sobre la playa de suave arena
rompen y truenan las olas del mar.
¿Qué sentirá el marinero
cuando está solo en medio del mar,
entre las olas y el cielo,
siempre tan lejos
de su dulce hogar?
¿Qué sentirá cuando mira
un rayo que gira
cambiando de luz,
el parpadeo constante
del faro brillante
que está en Veracruz?
Rompe la ola al reventar.
Rompe de frente sin descansar.
Sobre la playa de suave arena
rompen y truenan las olas del mar.

Un mundo submarino

La posibilidad de que un barco se llegue a hundir es una idea que le pone la carne de gallina a cualquier pavo, pero como en otras tantas cosas, se exagera.

¡Se exagera!

El fondo del mar es un mundo interesante: En orden perfecto los peces van y vienen a sus negocios. Hay tanta variedad de peces que, para describirlos todos, se necesitarían más volúmenes de los que caben en un estante. Una sola cosa es común a todos los peces; sin excepción son muy limpios. ¡Odian salir del agua! Pero en el fondo del mar existe infinidad de otros animales: Los cefalópodos, los gasterópodos, los lamelibranquios, los crustáceos, los pólipos y los espongiarios (aunque ninguno de ellos sabe que les dicen tan feo los naturalistas).

Hay numerosas leyendas referentes al fondo del mar. Una de ellas asegura que abajo reina el dios Neptuno, un tío nada lampiño que tiene la barba llena de ostras. Más graciosas son las sirenas, mitad pez y mitad mujer, pero nunca salen a la superficie porque la censura las obligaría a usar corpiño. Sea eso cierto o no, lo innegable es que el fondo del mar es muy rico.

Cuando los pescadores arrojan sus redes, suelen recobrarlas repletas de latas de sardinas con una etiqueta que dice "El Cántabro", Antolín Erreconerrechea.

A pesar de las enormes ventajas del mundo submarino, la mayoría prefiere viajar sobre la superficie, sin mojarse. Esa predilección ha existido siempre. Pero gracias a las travesías de nuestros intrépidos antepasados prosperó la humanidad. Los primeros navegantes se arriesgaron a tripular troncos de árbol; troncos que después de ahuecados se convirtieron en canoas. Entre las piraguas y los trasatlánticos la diferencia esencial es el tamaño.

Los largos viajes impulsaron el comercio (se entiende por comercio el acto de vender caro lo que del otro lado del mar es barato). Pero todos los pueblos aprendieron de los otros pueblos; se extendió el uso de las letras y de la mala ortografía. Sólo que algunas de esas letras son terriblemente difíciles, según el burrito.

El burrito

El burrito está llorando
ahija ahija ahija
qué le pasa, qué le duele,
si será que va a enfermar
el burrito está llorando
ahija ahija ahija
pobrecito en la escuela
lo pusieron a estudiar.
Tiene que aprenderse bien la lección
y antes de ir a casa saber la "O"
el burrito está llorando
ahija ahija ahija
hay burrito no seas burro
ni tampoco seas llorón.
El burrito está llorando
lo dejaron castigado
por ponerse a platicar
el burrito esta llorando
ahija ahija ahija
por tontito lo obligaron
a quedarse sin jugar

y mientras no sepa hacer la "O"
seguirá copiando del pizarrón.
El burrito está llorando
hay burrito ya no llores
y recuerda tu lección.

Valor de la fantasía

Sin los grandes viajes marítimos, a estas fechas quizá tendríamos una mentalidad apenas mejor que la del borrico. Y es que las travesías, además de valor y ansias de descubrimiento, exigieron perfeccionar los conocimientos de su época. El movimiento aparente de los astros, el cálculo de las distancias, las variaciones de la brújula, la construcción de mapas, la dirección de los vientos y corrientes.

Cristóbal Colón tuvo que estudiar mucho antes de demostrar la redondez de la Tierra a sus aplanados contemporáneos.

Para saber cosas hay que acudir a los libros. Hay niños que adoran los libros más gruesos; pero sólo porque encaramándose sobre un montón de ellos es como logran alcanzar la azucarera puesta fuera de su alcance.

No falta quien desperdicie los libros y prefiera aprender directamente de la vida; aunque así casi nunca se pasa del prólogo de la existencia.

Cri-Cri aprendió mucho de los libros; se puede decir que casi todo. Sólo que los libros que estudia Cri-Cri son de cuentos, cosa nada práctica, según la gente poco imaginativa. Aunque, tener poca imaginación es disculpable; también se puede nacer con las narices chicas. Pero, ¿será la fantasía poco práctica? ¿Qué sensatez indica soñar despierto con piedras que hablan, la esfera de cristal, la alfombra mágica, los carruajes tirados por caballos fantasmas o el obús de Julio Verne? Pues nada, sin acariciar esos ensueños, sin vislumbrar cosas prodigiosas, ¿acaso existirían la radio, la televisión, los aviones, los automóviles y los cohetes espaciales? Todas esas maravillas ya andaban en los libros mucho antes de que nuestros respectivos abuelitos aprendieran a jugar al ponpon-tata; de modo y suerte que los libros de cuentos no contienen mentiras sino asuntos muy posibles. La inclinación de Cri-Cri hacia la fábula está lejos de ser inteligente. Le gustaron los libros de cuentos porque son hermosos y nobles; fue más bien una cuestión de sentimiento. Claro está que para enterarse de tanta literatura, Cri-Cri tuvo que aprender muchas más letras de las que figuran en su canción de las vocales.

Marcha de las letras

¡Que dejen toditos
los libros abiertos
ha sido la orden
que dio el General!
¡Que todos los niños
estén muy atentos,
las cinco vocales
van a desfilar!
Primero verás
que pasa la 'A'
con sus dos patitas
muy abiertas al marchar.
Ahí viene la 'E'
alzando los pies,

el palo de en medio
es más chico como ves.
Aquí está la 'I',
le sigue la 'O'
una es flaca y la otra
gorda porque ya comió.
Y luego hasta atrás
llegó la 'U',
como la cuerda
con que siempre saltas tú.
Primero verás
que pasa la 'A'
con sus dos patitas
muy abiertas al marchar.
Ahí viene la 'E'
alzando los pies,
el palo de en medio
es más chico como ves.
Aquí está la 'I',
le sigue la 'O'
una es flaca y la otra
gorda porque ya comió.
Y luego hasta atrás
llegó la 'U',
como la cuerda
con que siempre saltas tú.

Una familia metódica

Por aquel tiempo Cri-Cri conoció a la familia Romesgánchez o Ranchosgómez (Cri-Cri tiene el defecto de equivocar apellidos). Recuerda que era gente muy metódica. A las siete: el padre al trabajo; a las ocho: los niños al colegio. La madre quedaba en casa laborando bajo un horario riguroso. Para visitarlos era preciso saber a qué hora recibían, so pena de interferir en el puntual programa de los Ranchasguínez. Los metódicos casi siempre prosperan; esta familia, no. A pesar de su excelente distribución del tiempo, están más cerca de la pobreza que de la holgura.

Cierta noche que Cri-Cri visitaba a los Güemesronchas, cuando sólo le quedaban seis minutos y veinte segundos para despedirse a gusto de los de la casa, tuvo la torpe ocurrencia de aconsejarles la compra de un billete de lotería para tentar a la suerte. El señor Rinchesgrandes enrojeció de cólera. ¿Arriesgar su escaso dinero en algo tan vago, remoto, problemático y fuera de método? Cri-Cri balbuceó que se perdería poca cosa y, como excusa, aseguró haber visto un billete: el 12345 (o sea uno, dos, tres, cuatro, cinco) exactamente a las seis y siete del octavo día de ese noveno mes; el billete en venta en la cigarrería del señor Diez. Tanto por quedarle ya sólo medio minuto de visita como por no alterar más al indignado Chinchesromas, Cri-Cri se despidió apresuradamente. Pero quizá esa extraña sucesión de cifras progresivas haya impresionado a la familia Ronchisguantes; el caso es que a la mañana siguiente el billete fue vendido a primera hora.

Varios días después los diarios locales y foráneos soltaron el notición: el gran premio internacional de muchos millones había tocado al billete en poder de la familia Granjasrollos. Con esa debilidad suya de confundir apellidos, Cri-Cri se preguntó si después de todo le habrían hecho caso y, para cerciorase, se dirigió a la humilde casa de los Gimesrunches. De la familia no quedaba rastro; un par de desconocidos vaciaban la casa de triques, trastos y trapos que eran comprados casi en nada por el Tlacuache o Zarigüeya, mamífero que lleva consigo un saco natural, como los canguros.

El ropavejero

Ahí viene el Tlacuache
cargando un tambache
por todas las calles
de la gran ciudad.
El señor Tlacuache
compra cachivaches,
y para comprarlos
suele pregonar.
¡Botellas que vendan!
¡Zapatos usados!
¡Sombreros estropeados,
pantalones remendados!
Cambio, vendo y compro por igual!
¡Chamacos malcriados!
¡Miedosos que vendan!
¡Y niños que acostumbren
dar chillidos o gritar!
¡Cambio, vendo y compro por igual!
Ahí viene el Tlacuache
cargando un tambache
por todas las calles

de la gran ciudad.
El señor Tlacuache
compra cachivaches,
y para comprarlos
suele pregonar.
¡Papeles que vendan!
¡Periódicos viejos!
¡Tiliches chamuscados
y trevejos cuatrapeados!
¡Cambio, vendo y compro por igual!
¡Comadres chismosas!
¡Cotorras latosas!
¡Y viejas regañonas
pa' meter en mi costal!
¡Cambio, vendo y compro!
¡Compro, vendo y cambio!
¡Cambio, vendo y compro por igual!

Más equivocaciones de Cri-Cri

Con la fabulosa riqueza adquirida, la familia Churrisbrantes quedó muy por arriba de Cri-Cri. Tentado estuvo éste de hacerles una visita para felicitarlos por su buena suerte, pero ignorando el nuevo horario de recibimiento, se abstuvo de ello, limitándose a seguirlos en los periódicos. Porque los diarios y las revistas reproducían sus retratos en todas las ediciones cotidianas y semanales, sin dejar de fotografiarlos desde todos los ángulos posibles.

Pareció que al fin se hacía justicia al espíritu metódico de los Gorrisnucas. Fue fácil enterarse de que a las nueve en punto de la mañana se desayunaban en la terraza de su castillo. Entre las diez y las doce recibían en otro palacio a personas notables (cinco minutos para cada celebridad). A mediodía, cuando el sol tocaba exactamente el meridiano, chapoteaban descalzos en su extensa playa privada. A las dos de la tarde presidían un banquete de 200 cubiertos; si por torpeza de las cocinas hubiera que comer a las tres, los comensales eran 300.

A las cinco de la tarde, en trasatlántico propio, daban un paseo de seis millas debidamente registradas por los aparatos de a bordo. A las ocho se dirigían en tranvía particular a un cinematógrafo reservado para ellos y sus amigos, en donde cada noche se proyectaba la misma cinta: una historia del Oeste americano en la que un vaquero heroico triunfa de los villanos gracias a su magnífico par de relojes.

La pautada regularidad de los acaudalados Torresmochas admiró a la sociedad entera, se puso en boga la puntualidad, cosa desconocida desde los tiempos de María Castaña, y la ciudad adquirió un ritmo exacto, riguroso. Hasta los incendios y los choques tuvieron que suceder a horas fijas.

Los bohemios, los abogados y todos aquéllos afectos a hacerse esperar fueron considerados enemigos públicos. Cri-Cri mismo, que tampoco se mata por llegar temprano, se vio amenazado por la intransigencia horaria. "¡Nos estamos volviendo más británicos que los ingleses!" exclamó, y sacó pasaporte para dirigirse a Jauja, a Ronconia. ¡Adonde fuera! Cri-Cri se marchó lo más lejos posible, hasta la estepa rusa donde es fama que hay lobos que muerden las pantorrillas, pero sin cuidarse de la hora.

Rusiana

Por la estepa rusa
un trineo va,
va a toda prisa
para la ciudad.
Un osito barbudo y barrigón
con balalaica canta esta canción:
Hola hola ulalá,
hola hola ulalá.
Ponka, pinshki, pas petruska
rosca rosca ulalá.
Hola hola ulalá,
hola hola ulalá.
Ochichornia, zanahoria, calabaza ulalá
Hola hola ulalaáa
hoola hoola uuuu.

Final inesperado

Después de algún tiempo, Cri-Cri retornó a sus lares. No fue dichoso en sitios lejanos. "¡Sea!", dijo suspirando. "Me someteré a vivir por el reloj; acataré ser puntual y mecánico". Así lo encontramos de regreso a aquella ciudad. En cuanto salía de la estación central presenció un accidente espeluznante; un salvaje ciclista atropelló a un ómnibus repleto de pasajeros gordos. El autobús quedaba destrozado mientras el irresponsable ciclista se alejaba indiferente al daño hecho. Cri-Cri se lanzo al teléfono más próximo para llamar a un hospital. Pero transcurrió una hora, dos horas, tres, medio día. Los auxilios no llegaban. Cri-Cri volvió al telefonear al hospital. "Ya salio la ambulancia", se le contestó con un bostezo. Mucho después, cuando se escuchó la sirena, fue innecesaria la llegada de la ambulancia: ¡los heridos ya habían sanado! "¿Que sucede aquí con la puntualidad?", se preguntó Cri-Cri inquieto. Y, poco a poco, fue notando un cambio enorme en las costumbres: Los relojes públicos habían sido apedreados; los despertadores yacían en las calles hechos añicos; los espectáculos comenzaban cuando se le daba la gana al empresario; las tiendas abrían tarde sus puertas, si es que llegaban a abrirlas.

¿A qué se debió ese cambio tan enorme? Pues, mientras duraron los millones de los Brincasgomas, su espíritu metódico siguió inspirando la comunidad; mas llegó el día aciago en que no hubo ni un céntimo para sostener el castillo, palacios, trasatlántico, banquetes, tranvía particular, ni película del Oeste americano. Cuando el señor Mangasbroncas se confesó incapaz de pagar tres mil facturas y no poder desembolsar siquiera la limosna acostumbrada al ciego del organillo, la sociedad se desmoralizó. ¿Como traicionar a los números en dinero y los vencimientos en números de calendario y de reloj? Todos aquellos que antes hicieron gala de puntualidad, de la noche a la mañana se tornaron aún más informales que los bohemios y que los abogados.

El propio Cri-Cri llegó a escandalizarse de tanta tardanza, desidia e indolencia, pero sintió mucho que los vaivenes de la fortuna hubieran vuelto a empobrecer a la familia Romesgánchez o Ranchosgómez (creo que así, sí es). Trabajo le costó dar con ella, porque ahora los infelices no tenían siquiera una casita humilde. Se habían instalado en unas viejas ruinas fuera de la ciudad. Aquellos murallones derruidos tenían cierto encanto bajo la luz de la luna. Y Cri-Cri advirtió con asombro que a pesar de la miseria aquella familia persistía en sus hábitos. El señor Roncasbrincas tomó el brazo de Cri-Cri y, con mucha parsimonia, le dijo: "Aprecio su visita, pero se acerca la medianoche y en cuanto se junten las agujas del reloj tengo una cita con las siete brujas de estas ruinas". Cri-Cri comprendió que era finamente despedido y, alzándose de hombros, se alejó en la oscuridad.

Las brujas

La torre negra
crece a media noche
cuando el búho canta,
uh... uh... uh...
Vuelan las Brujas
en grandes escobas
al juntarse las agujas
del reloj...
Los niños malos
sueñan visiones,
malas acciones hicieron ayer;
y los enanos les dan pescozones
¡para que se porten bien!
Entran las Brujas
por las ventanas.
rac, ric, rac, ric
Siempre se esconden
bajo las camas.
rac, ric, rac, ric
Y con miradas bizcas

echan chispas
para quemar
a los muchachos tontos
que no quieren estudiar.
En el tapanco
suenan pisadas.
rac, ric, rac, ric
Se oyen portazos
y risotadas.
rac, ric, rac, ric
Son las malditas Brujas
empeñadas en buscar
a los groseros, y mentirosos,
y a los que estudian mal.
Pero los buenos
duermen risueños.
Dan din don, din don, din, dan
en sus camitas
con lindos sueños.
Dan din don, din don, din, dan
una nenita sueña
que su osito se va a casar
con la muñeca rubia
que le acaban de comprar.
Vienen las Hadas
y los Cocuyos.
Dan din don, din don, din, dan
Cantan canciones
como murmullos.
Dan din don, din don, din, dan

si es que te portas bien
a media noche las has de oír...
¡Pero cuidado,
pues si eres malo
brujas podrán venir...!

Cosa de millones

Cri-Cri recibió una carta que parecía un telegrama, telegrama por lo breve y concisa. En tres líneas más cuatro palabras y un punto final se le anunciaba la visita del representante de una editorial de música.

¡El próximo jueves a las cinco! Así fue: En el día indicado y con una puntualidad que hizo rechinar al reloj, un tipo alto y seco llamó a la puerta de Cri-Cri. Sin perder el tiempo en caravanas, cumplimientos, ni preguntas sobre la salud de la familia, el representante de la compañía mostró sus credenciales y una libreta de cheques.

La importante editorial deseaba comprar canciones de Cri-Cri. Esa gigantesca empresa se dedica a imprimir todas las escalas en gran escala. El recién llegado preguntó a Cri-Cri si estaba dispuesto a componer cien canciones por semana durante cinco años de contrato, o sea 26,000 canciones en un lustro. Cri-Cri se quedó con la boca abierta. En lo que va del año apenas a podido concluir una canción y echado a perder otra. El representante le aseguró que solo una producción intensiva conduce a la opulencia.

"Mire, señor experto, no me hable usted de riquezas", respondió Cri-Cri. "Yo conocí a un individuo que firmó un contrato para recibir todos los días un millón de billetes. La primera semana el hombre estuvo feliz.

Al cabo de un mes comenzó a depositar los billetes en los bancos porque en su casa ya no cabían. Al año de haber firmado el contrato, los financieros le hicieron saber que ya no podían admitir más billetes debido a que los bancos estaban tan atiborrados de ellos que no se podía dar un paso en las oficinas. ¡Un millón le seguía llegando cada día! Mandó edificar grandes cobertizos para almacenar su papel moneda. Pronto se agotaron los materiales de construcción y no se contó con sitio para guardar la avalancha de valores. El hombre trató de esconderse para evitar recibir el millón diario; se refugió en las bibliotecas públicas, donde es fama que no entra nadie, pero hasta ahí lo encontraban los encargados de entregarle el dinero. ¡Un millón todos los días! ¡Un millón! Ya desesperado apiló los billetes en la calle, con un letrero que decía: "Señores ladrones, tengan la bondad de robar todo lo que gusten". Pero los ladrones sospecharon alguna añagaza y dejaron el dinero intacto. Tanto papel en la vía pública impidió la circulación de los vehículos y las autoridades obligaron al archimillonario a quemar los billetes. Pero para incinerarlos necesitó tales cantidades de petróleo, carbón y madera que acabó con los pozos, las minas y los bosques de todo el país. Y, como pesadilla, seguía recibiendo un millón de billetes cada mañana.

"No, no quiero oír hablar de riquezas", recalcó Cri-Cri. "Me las vería más negras que la negrita Cucurumbé".

La Negrita Cucurumbé

La Negrita Cucurumbé
se fue a bañar al mar
para ver si en las blancas olas
su carita podía blanquear.

La Negrita Cucurumbé
a la playa se acercó
envidiando a las conchitas
por su pálido color.
Quería ser blanca
como la Luna,
como la espuma
que tiene el mar.
Un pescado con bombín
se le acercó,
y quitándose la bomba
la saludó:
¡Pero válgame Señor!
¿Pues qué no ves
que así negra estás bonita,
Negrita Cucurumbé?
Un pescado con bombín
se le acercó,
y moviendo la colita
le preguntó:
¡Pero válgame mujer!
¿Pues qué no ves
que bonita es tu carita,
Negrita Cucurumbé?

Los ensueños de Cri-Cri

Este nuestro mundo es un planeta descontento. Todos anhelamos aquello que no tenemos. Los negritos quieren ser blancos; los blancos se asolean par verse negros; los gordos desesperan por adelgazar y los flacos ya no saben qué hacer para estar gruesos; los pobres ambicionan dinero y los ricos codician más dinero. La regla es absoluta; hasta la regla quisiera ser compás.

El propio Cri-Cri que desde pequeño no ha hecho otra cosa que escribir cuentos y canciones (lo que supone una vida venturosa), también desea un cambio.

Sueña con ser barrendero. Y, dejándose llevar por la imaginación, Cri-Cri se dice: Hete aquí que ya soy barrendero. Una mañana, muy temprano, cuando comienzan a apagarse los luceros, barro suavemente frente a un palacio. La hija del rey despierta en su lecho de columnas de oro y pregunta: —¿Quien barrió allá afuera con ritmo tan dulce y acompasado? Cien pajes le informan: —Un apuesto barrendero cuya escoba refulge bajo los primeros rayos del sol. La princesa sale al ventanal y, al verme, se desmaya enamorada. El rey, que la adora, me hace llamar y me ennoblece. Ahora soy el emperejilado duque de la Polvareda. Ya todo está listo para la boda; la corte luce sus mejores galas. Pero el taimado e intrigante marqués del Plumero hace desaparecer mi escoba. No pudiendo barrer, debo mostrarme nuevamente como cuentista y compositor. ¡Qué bajo has caído!, exclama desdeñosa la bella princesa. Y mi felicidad se derrumba. "Con las aristócratas hay que andarse con cuidado", agregó Cri-Cri.

"Todavía puedo referirles otro caso tristísimo que se refiere a un abejorro que vivía en un agave, pero antes de comenzar la música aclaremos que, en México, al abejorro se le llama jicote; al agave, maguey, y al zumo azucarado que produce esa planta, aguamiel. Lo demás espero que lo entiendan".

El jicote aguamielero

La reina de las abejas
estaba en el panal,
y le dijeron regia majestad:
Alguien le quiere hablar.
Cortado entró el Jicote,
humilde de condición,
pero ilusionado de pedir,
pedirle su corazón.
Parece, parece que no sabe,
no sabe con quien habla
igualado bigotón.
¡Soy la reina, la reina por bonita!
Y un jicote aguamielero
no cuadra con mi amor.
Silencio quedó el Jicote
con tanta humillación,
a la orgullosa reina del panal
así le contestó:
Leí que éramos iguales
asegún la Constitución,
la sociedad sin clases la creí,
pero ya vio que no.
Y el jicote aguamielero,
con bigotes de aguacero,
rezumbando regresó a su maguey;
sin rubores en la frente
porque ultimadamente
a la sombra de las pencas es el Rey.

La reina de las abejas
estaba libando miel,
y una de sus obreras le gritó:
Ahí está de nuevo aquel.
Mandando cerrar la puerta
la reina se le negó
porque su afán es que se ha de casar
con un emperador.
Parece, parece que no sabe,
no sabe con quien trata
ese prieto barrigón.
¡Soy la reina, la reina por bonita!
Y un jicote aguamielero
no cuadra con mi amor.
Fruncido quedó el Jicote,
arqueándose de dolor,
y en su pesar cantando el infeliz
así se despidió:
Adiós reinecita hermosa, ¡ay!,
que me trató tan mal.
Pero asegún las leyes del país
aquí todos son igual.
Y el jicote aguamielero,
con bigotes de aguacero,
rezumbando regresó a su maguey;
sin rubores en la frente
porque ultimadamente
a la sombra de las pencas es el Rey.

Mexicanismos y preocupaciones

Cri-Cri fue a visitar a don Pimpirulando. Este, don Pimpirulando, es un enanito con ojos color violeta y una gran barba blanca que le llega hasta los pantuflos.

Ya cumplio mil años de edad, pero se quita cuatro para finguirse más joven.

—Oiga, don Pimpi, estoy muy preocupado —confesó Cri-Cri—. En muchas de mis canciones hablo con modismos mexicanos. Temo que en lejanas tierras los niños no comprendan lo que traté de decir.

Don Pimpirulando se rascó la calva y, tras corta reflexión, opinó:

—Bueno, en caso de que no entiendan algo, esperemos que siquiera les guste la musiquita.

Esta no es la única preocupación de Cri-Cri; tiene otra muy reciente: Sucede que fue a visitar un pueblo que se llama San Juan de los Charcos. Como lo había precedido su fama, Cri-Cri fue muy agasajado; en su honor estallaron buen número de cohetes y, las autoridades de San Juan de los Charcos, le ofrecieron una comilona con platos regionales. Al final del banquete Cri-Cri recibió un diploma de huésped distinguido y también un obsequio. El regalo consistía en un elefante.

Podría creerse que en México abundan los elefantes. ¡Falso! Un circo había quebrado en San Juan de los Charcos y el elefante fue parte del embargo por impuestos no pagados. Como el paquidermo comprometía la estabilidad económica del pueblo, las autoridades planearon endilgárselo al primer forastero que llegase. Tal suerte cupo a Cri-Cri. Este dio amablemente las gracias y retornó a la capital con el elefante. La primera dificultad surgió cuando el animalito no cupo por la puerta de la casa y tubo que quedar en la calle, amarrado a un árbol. Las casas modernas son muy reducidas; cosa natural porque en la ciudad el metro cuadrado cuesta como si fuera cúbico.

Cri-Cri se resolvió a poner un aviso en los diarios: "Vendo barato hermoso elefante". Ninguno contestó. Días después, Cri-Cri hizo publicar otro aviso: "Regalo elefante que come poco". Tampoco nadie se interesó. Un tercer anuncio ofrecía: "Daré diez monedas de oro a quien acepte un elefante delgado". Ante la tentación del dinero acudieron algunos individuos, pero todos ellos dijeron que el elefante se veía gordísimo. "No lo crean ustedes", repetía Cri-Cri. "Realmente está desmejorado, sólo pesa 1,800 kilos".

Siendo imposible deshacerse del paquidermo, Cri-Cri cambió su casa por un corral en los aledaños. Pero la ciudad va creciendo día con día; muy pronto Cri-Cri y su elefante tendrán que largarse más lejos. La expansión de la ciudad va borrando los típicos arrabales de antaño. Fenómeno arquitectónico que amenaza también a cierto gato encariñado con las callejuelas torcidas.

Gato de barrio

Un gatito me decía
yo soy de barrio
de un barrio pobre y trabajador
y me lavo la carita con saliva
y luego salgo a echarme al sol.
Que bonito es mi barrio
sobre todo en las mañanas
cuando sale echando chispas el camión
a lueguito por la tarde
se columpian las campanas
invitando a todo mundo a la oración.

Pa'qué es más
que la pura verdad
que me da día laso mi canción
pa'que es más
que la pura verdad
cuando toca el guitarrón.
El gatito repitió
es imposible que yo
me fuera de mi cantón
pues me untaron
los bigotes con manteca
para robarme el corazón.
Que bonito es mi barrio
sobre todo en la noche
cuando empiezan los cochinos a roncar
a lo lejos por los cerros
ladran juntos veinte perros
y no dejan las chicharras de cantar.
Pa'qué es más
que la pura verdad
que me da día laso mi canción
pa'qué es más
que la pura verdad
cuando toca el guitarrón.

Soñador en gira

Una vez, en el colegio, estaba Cri-Cri arrodillado frente a una pared con toda su atención concentrada en un pequeño agujero. En esa posición fue sorprendido por el director del plantel. Los lentes del profesor despidieron severos destellos.

Con voz tan encogida como su postura, Cri-Cri dijo: "estoy espiando para ver si sale una araña". El rígido director apretó los labios y siguió clavándole la mirada. Cri-Cri aún tuvo fuerza para balbucear: "Si no sale una araña tal vez se asome otro animalito".

Con manos a la espalda, el profesor era la personificación del mutismo. Su actitud inmóvil alarmaba.

Cierto es que nada podía decir: era la hora de recreo.

Pero en ese selecto plantel, cuyo lema es: "moderación y dientes limpios", se supone que, fuera de la clase, los niños se ocupen en juegos usuales en vez de atisbar agujeros para ver si salen insectos. El director del colegio no pudo contener un comentario despectivo: "¡Conque naturalista en cierne! ¡Hum! Uno de esos don nadie que coleccionan artrópodos. ¡Valiente ocupación comparada con la toga, la industria y la banca!" Y dando un resoplido se alejó.

Mucho más habría despreciado a Cri-Cri de haber sabido que éste no tenía ningún interés científico en los animalitos. ¡Espiaba a las arañas porque, cuando caminaban despacio, parece que bailan tango!

Desde chico, Cri-Cri sólo pensó en música y en bailes revueltos con cuentos de hadas. Andando el tiempo se convertiría en soñador profesional. Y, como todos los soñadores, Cri-Cri aborrece el ruido. Cierta vez que andaba triunfando por las provincias, debido a falta de fondos se quedó atorado en la aldea de Tundelatapa, que está muy cerca a otro villorio llamado Tañelotoche.

Tanto los habitantes de Tundelatapa como los de Tañelotoche pretendían ser más alegres y bullangueros que sus vecinos. Noche a noche los de Tundelatapa se aglomeraban al aire libre para reír a mandíbula batiente y sus carcajadas se escuchaban una legua a la redonda. A su vez, los de Tañelotoche, en grupo compacto, respondían haciendo chocar cuantas sartenes, cacerolas y ollas de metal había en la aldea. No tardaban los de Tundelatapa en echar a vuelo las campanas de la iglesia más otras campanas que habían adquirido y que ya no sabían dónde colgarlas. Entonces los de Tañelotoche contestaban con... Pero ¡basta!

Si se aclara que de una a otra aldea la distancia es de un centenar de pasos con piernas escandinavas, es fácil imaginar qué nochecitas pasó Cri-Cri, amante del silencio. Muy agusto habría puesto un universo entre él y los ruidosos; mas no podía marcharse porque estaba esperando dinero de casa. Fuerza fue amasar paciencia y sufrir como el trasnochado maestro remendón.

Fiesta de los zapatos

De noche y de día
la zapatería
está de gran fiesta
pues oigo tocar.
Si quieres tú te invito a entrar
y así verás aquel lugar:
Pobre zapatero ya no puede trabajar
porque a sus zapatos les dio por bailar.
Toditos los choclos del maestro remendón
saltan como locos sobre su tacón.
Las zapatillas
están muy contentas
de haber ido al baile aquel.
Y las chancletas

tampoco están quietas
porque todas bailan bien.
Pobre zapatero no te vayas a enojar
toma un saxofón y ponte a resoplar.
Pobre zapatero ya no puede trabajar
porque a sus zapatos les dio por bailar.
Los botines viejos que ya no pueden andar
bailan de brinquito para no dejar.
Si son las botas
aunque ya están rotas
no se quieren acostar,
de puro gusto
parecen pelotas
por el modo de bailar.
Pobre zapatero no te vayas a enojar
toma un saxofón y ponte a resoplar.

Tratado del ruido

A Cri-Cri le costó mucho tiempo reponerse de la temporada ruidosa que debió soportar. Las campanadas, cacerolazos, risotadas, gritos y demás barahúnda hicieron estragos en sus oídos. Porque así como las manos delicadas, sometidas a una labor ruda, se ajan y pierden tersura, después del estrépito incesante, los tímpanos de Cri-Cri quedaron llenos de ampollas. Buscando alivio discurrió taparse las orejas con manteca.

Esa mantequilla de la leche contiene una vitamina excelente para combatir los orzuelos, y quizá pudiera curar también tímpanos lastimados. Con grasa embutida en las orejas, Cri-Cri quedó casi sordo.

Un músico que no oye se vuelve tímido y medroso.

Si en aquella época se le hubiera exigido algún acto de valor, Cri-Cri habría fracasado. Aunque sordo temporal, le faltaba algo. Con el organismo incompleto, resulta difícil ser héroe. Los héroes casi siempre han sido muy sanotes. Basta leer la historia de la navegación repleta con hechos asombrosos de los marinos. Como la brisa del mar abre el apetito, los marinos comen mucho ¡y así están de bárbaros! Con facilidad acometen empresas que aterrorizarían a cualquier empleado de una zapatería.

Aún está reciente el caso de un hundimiento en el Pacífico en el cual se distinguió un robusto marinero al salvar, él solo, a diez náufragos y una náufraga. Por cierto que esta última, habiendo soltado su lápiz de labios (de un tono que no se consigue en las islas), rogó al bravo que volviese a entrar de cabeza al mar en busca del perfumado lápiz hundido. El galante marinero no se lo hizo del repetir: se zambulló audazmente, pero, como en el océano Pacífico la profundidad es tremenda, el buzo temerario aún no ha tenido tiempo de retornar a la superficie.

Los militares también cuentan con proezas insólitas. En las guerras del imperio (causadas por la forma en que un caricaturista dibujó al emperador con casco de dormir), en una de tantas batallas, un oficial fue hecho prisionero. El general imperial quiso obligarlo a confesar si en la trinchera enemiga habían mil hombres o sólo 999. El oficial capturado se mordió los labios y fue imposible sacarle palabra. Enfurecido ante ese mutismo heroico, el general (que era admirador de Roberspierre), mandó cortarle la cabeza. Pero, asombrado de tanto valor, se la hizo colocar en seguida (hay cementos químicos que lo pegan todo); mas, en la precipitación de volver a colocarle la cabeza, se la pusieron al revés.

El pegamento era tan bueno que fue en vano tratar de girársela a su debida posición; tantos tirones le propinaron que el hombre estuvo a punto de ser estrangulado después de decapitado. Como era de justicia, el valiente oficial fue puesto en libertad pero como ahora miraba hacia atrás, ante la estupefacción del ejercito retorno a su campamento marchando de espaldas.

También hay heroicidades desconocidas. ¿Quién dejaría de admirar la batalla cruenta e incesante de doña Patita? Si, doña Patita, señora muy de su nido y madre amorosa de un montón de emplumados hijos.

La patita

La patita,
de canasto y con rebozo de bolita,
va al mercado
a comprar todas las cosas del mandado.
Se va meneando al caminar
como los barcos en altamar.
La patita
va corriendo y buscando en su bolsita
centavitos
para darles de comer a sus patitos.
Porque ella sabe que al retornar
toditos ellos preguntarán:
¿Qué me trajiste, Mamá Cuac Cuac?
Qué me trajiste para cuac-cuac?
La patita,
como tú
de canasto y con rebozo de bolita,
como tú

se ha enojado,
como tú
por lo caro que está todo en el mercado.
Como no tiene para comprar
se pasa el día en regatear.
Sus patitos
van creciendo y no tienen zapatitos,
y su esposo
es un pato sinvergüenza y perezoso
que no da nada para comer,
y la patita ¿pues qué va a hacer?
Cuando le pidan, contestará:
¡Coman mosquitos
para cuac-cuac!

Reciedumbre del sexo débil

Después de muchas horas de meditación, Cri-Cri llegó a la certidumbre de que la verdadera reciedad esta del lado femenino. Tiempo atrás algún gracioso llamó a las mujeres "el sexo débil". Pero... ¿Quién tiene más resistencia para los mil pequeños problemas del hogar? ¿Quién soporta el cuidado de los hijitos enfermos? ¿Quién tiene más tacto en los momentos difíciles? ¡Mamá! Ella es el alma de la familia. Sin lindas madrecitas abnegadas, nuestro mundo (algo achatado por los polos) hace mucho que estaría achatado por todos lados.

Cri-Cri, que usa pantaloncetes, en vez de valerse de esa prenda para vociferar, reconoce que las mujeres le sacan ventaja. Por ser observador honesto se dio cuenta no sólo de la heroicidad de la Patita, sino también de las altas virtudes maternales de doña Marrana Barrigas, viuda de Chicharrón (si le hubiera hecho caso a otro, ahora sería viuda de Bamboche). Porque, según el uso acostumbrado, así como los pieles-rojas siempre fracasan ante los pioneros americanos, los cerdos jamás han derrotado a los carniceros.

Dejando a un lado hablar de cosas tristes, es el caso que esta regordeta doña Marrana puso toda el alma, y bastante grasa, en educar debidamente a sus pequeños. La vida de un cerdito comienza con el arte de chillar a conciencia, después se le instruye en el modo de hozar, de meter el hocico por todos los rincones.

Habiéndose logrado que el joven cerdo tenga un apetito prodigioso, se perfeccionan sus estudios acostumbrándolo a rezongar de todo, debe gruñir y refunfuñar así haga calor, frío, sequía o humedad. Un cerdo modelo práctica todas esas habilidades hasta el preciso momento de transformarse en jamón y otras delicadezas.

Pero Cri-Cri, viendo dormir a los tres cerditos, se preguntó: "¿Acaso estos pequeños sólo sueñan en comer, comer, y más comer? Ojalá también imaginen otras cosas un poquitín más nobles que ese eterno masticar y crujir de sus blancos dientes".

Cochinitos dormilones

Los cochinitos ya están en la cama
muchos besitos les dio su mamá
y calientitos los tres en pijama
dentro de un rato los tres roncarán.
Uno soñaba que era rey
y de momento quiso un pastel
su gran ministro hizo traer

500 pasteles nomás para él.
Otro soñaba que en el mar
en una lancha iba a remar
mas de repente al embarcar
se cayó de la cama y se puso a llorar.
Los cochinitos ya están en la cama
muchos besitos les dio su mamá
y calientitos los tres en pijama
dentro de un rato los tres roncarán.
El más pequeño de los tres
un cochinito lindo y cortés
ése soñaba con trabajar
para ayudar a su pobre mamá.
Y así soñando sin despertar
los cochinitos pueden jugar
ronca que ronca y vuelta a roncar
al país de los sueños se van a pasear.

Más barrabasadas de los Cuatro Invencibles

Los Cuatro Invencibles estaban hastiados de las diabluras usuales. Roco, Tico, Maco y Paco pretenden ser terribles. Para conservar su fama de invencibles, diariamente repiten travesuras y barrabasadas para dejar boquiabierta a la chiquillería del barrio. Todo eso a cambio de recibir una buena ración de palos y pescozones. La fama es fatigosa: romper cristales, encaramarse al techo para derramar agua sobre las personas que transitan, echar arena en la comida que prepara la cocinera, asustar a las señoras, agachándose tras ellas y ladrando como perro que va a morder las pantorrillas; pues, resulta más que suficiente para cansar a quienes practican tales salvajadas.

Pero la repetición constante de sus diabluras terminó por ser tan natural como la sucesión del día y de la noche. Fueron tenidos por una plaga inevitable e, hicieran lo que hicieran, ya ni los bobalicones los admiraban. Por eso, para conservar su cuádruple notoriedad Roco, Tico, Maco y Paco rogaron a Cri-Cri que los dejara entrar al País de los Cuentos. Si Cri-Cri hubiera sospechado sus intenciones, no habría cometido la equivocación de acceder. Para que los niños penetren en persona a las grandes regiones de la fantasía, Cri-Cri los hace acostarse en el suelo con un libro de cuentos como almohada y comienza a tocar su violín. El libro debe de ser bueno, el suelo duro, tranquilo el sitio y sereno el cielo. Sonó el violín y antes de veinte compases ya estaban los Cuatro Invencibles dentro del mundo de la imaginación. Los niños se restregaron los ojos pero en vez de admirar la belleza que los rodeaba, se dedicaron a la ofensiva. La primera víctima fue el dragón que se usa en los cuentos para robar princesas; en verdad se trata de un infeliz dragón, bastante tímido y mal alimentado; sólo come fuego. Los Cuatro Invencibles, le dieron un formidable tirón de cola. El dragón, asustado, corrió a esconderse tras un perchero donde cuelga sus escamas domingueras. Aún no cesaban de reír los cuatro, cuando a sus carcajadas se unieron las de otro par de tipos que son los villanos de las canciones de Cri-Cri: el Ratón Vaquero y el Abejorro Mostachón. Como Dios los cría y ellos se juntan, inmediatamente se formo una pandilla enemiga del orden y de la urbanidad. Las hadas habían dejado sus finos velos tendidos sobre las flores; salpicar los velos con fango fue lo que hizo esta media docena de patanes. ¡Y echaron a correr! Pero el Ratón Vaquero cayó en una cárcel automática, cosa que siempre sucede.

El ratón vaquero

En la ratonera
ha caído un ratón
con sus dos pistolas
y su traje de cowboy.
Ha de ser gringuito
porque siempre habla inglés
a más de ser güerito
y tener grandes los pies.
El ratón vaquero
sacó sus pistolas,
se inclinó el sombrero,
y me dijo a solas:
What the heck is this house
for a manly Cowboy Mouse?
Hello you! Let me out!
And don't catch me like a trout.
Conque sí, ya se ve,
que no estás a gusto ahí,
y aunque hables inglés
no te dejaré salir.
Tras la fuertes rejas
que resguardan la prisión,
mueve las orejas,
implorando compasión.
Dijo el muy ladino
que se va a reformar,
y aunque me hable en chino,
yo ni así lo he de soltar.

El ratón vaquero
tiró dos balazos,
se chupo las balas,
y cruzó los brazos:
What the heck is this house
for a manly Cowboy Mouse?
Hello you! Let me out!
And don't catch me like a trout.
Conque sí, ya se ve,
que no estás a gusto ahí,
y aunque hables inglés
no te dejaré salir.

El abejorro mostachón

El abejorro mostachón,
sanguinario y bigotón,
se escondió detrás
de un alcatraz
con ganas de picar.
El abejorro mostachón,
afilando su aguijón,
decidió esperar
pues a no tardar
alguien tendría que pasar.
Por el camino sembrado de flores,
el señor Cri-Cri
con la Ricitos de Oro
venían platicando los dos de ti,

y al doblar la vereda
frente a la pradera
del alcatraz
salió por detrás
y sin ruido
el vil bandido
de Mostachón.
¡Qué susto llevaron!
Los dos se abrazaron
temblando de miedo del aguijón.
La pobre Ricitos
lloraba espantada
ante la facha del mostachón.
¡Correle, corre aprisa!
¡Corre a los dos!
¡Correle, corre aprisa!
Nos quiere picar.
¡Correle, corre aprisa!
¡Corre más veloz!
¡Correle, correle, correle,
correle, correle, correle, co...
¡Correle, corre aprisa!
¡Corre a los dos!
¡Correle, corre aprisa!
Nos quiere picar.
¡Correle, corre aprisa!
¡Corre más veloz!
¡Correle, correle, correle,
correle, correle, correle, cooooo...

Conmoción en el País de los Cuentos

Frente a la cárcel, donde estaba preso el Ratón Vaquero, montaba guardia el conejo Juan Blas. Sus grandes orejas se le caían de sueño y apenas tenía fuerzas para sostener una escopeta. Mientras el centinela cabeceaba, los Cuatro Invencibles y el Abejorro Mostachón cavaron un túnel por atrás de la ratonera. Así fue como, mientras el conejo soñaba golosamente con zanahorias, el Ratón Vaquero se fugó gracias a la ayuda de sus cómplices.

Ya a distancia, la pandilla volvió a las andadas; se pusieron a derribar hongos. Es sabido que en los hongos hacen sus casitas los enanos más pequeños; esa noche, cuando los duendecillos retornaran después de haber trabajado dentro de la montaña, hallarían sus habitaciones destruidas. Los seis vándalos reían a más y mejor, imaginando el estupor de los gnomos. Y en coro destemplado, a voz en cuello, entonaron una horrible canción de piratas cuya letra creo que es así:

El pirata que quiere mandar
tiene que ser el más malo,
tuerto, barbudo, panzón
y con su pata de palo.
Nunca podrá perdonar
barcos ni seres vivientes;
y ¡si se lava los dientes,
lo arrojaremos al mar!

¡Fea canción! ¡Canto perverso! Los habitantes del País de los Cuentos estaban aterrorizados.

El Ratón Vaquero, el Abejorro Mostachón y los Cuatro Invencibles infundieron miedo e hicieron castañear los huesos de varios fantasmas blancos. Esos mismos fantasmas de tantas historias macabras, en la vida privada sólo son unos simples paños puestos a secar. Pero, ¿quién se atrevería a contener a los invasores? ¡Nadie! Por consejo del Ratón Vaquero, que trae lo roedor muy de familia; Los Cuatro Invencibles emprendieron un ataque a mordidas contra el castillo del rey Bombón. Este castillo, como se explica en otra canción, está construido todo de dulces. Roco, Tico, Maco, Paco y compañía hincaron el diente en las murallas, respetando tan sólo las almenas de las torres.

Y engulleron de tal modo que seguramente esa noche ninguno de ellos tomaría su leche, como les sucede siempre a los golosos que se atiborran de golosinas.

La merienda

Las siete ya van a dar
el niño va a merendar
las siete van a sonar
y es cuento de no acabar
porque el pequeño es un llorón
que siempre sale con esta canción:
Hay mamá
me duele mi diente
porque traen la leche caliente
yo así no la quiero tomar
que se la lleven a enfriar.
Las siete ya van a dar
y el niño va a merendar
las siete van a sonar
y es cuento de no acabar

porque el chiquito es un llorón
que siempre sale con esta canción.
Hay mamá
mira a esta María
siempre trae la leche muy fría
yo así no la quiero tomar
que la vuelva a calentar.
Las siete ya van a dar
y el niño va a merendar
las siete van a sonar
y es cuento de no acabar
porque el pequeño es un llorón
que siempre sale con esta canción.
Hay mamá
esto tiene nata
la sirvienta esta es una lata
yo así no la quiero tomar
que se la lleve a colar.

Expulsión musical de ingratos

Las fechorías de los Cuatro Invencibles y su par de cómplices pronto fueron conocidas hasta el confín del País de los Cuentos. El último en enterarse fue un faquir que usa una esfera de cristal para conocer el futuro. Las malas noticias hicieron que las hadas, los príncipes azules, las pastoras de cabellos de oro, así como los gigantes, las brujas y las peñas encantadas, sintieran común indignación.

A todo esto, Cri-Cri no estaba en el País de los Cuentos, sino que había retornado a la vida real, para conseguir una patente sobre discos cuadrados, porque los discos redondos ya no son ninguna novedad. Pero hay modos misteriosos de comunicación: cuando Cri-Cri sintió cierto escozor particular en la oreja, que está del otro lado de la otra, presintió que algo inusitado ocurría en su otro mundo. Y, abandonando la idea de los discos cuadrados para que la aprovechara el primer inventor que diera vuelta a la esquina, voló al País de los Cuentos. Poner un pie en él y enterarse de las calamidades acontecidas, fue cosa más breve que un suspiro.

Al Ratón Vaquero y al Abejorro Mostachón hay forma de castigarlos musicalmente; con los Cuatro Invencibles ya era distinto; medirles las costillas con la vara del violín salía sobrando, porque esos niños están habituados a recibir palizas con garrotes más gordos.

Sólo quedaba un recurso: despedirlos del País de los Cuentos; y así como para hacerlos entrar, Cri-Cri había tocado dulcemente, para despacharlos ejecutó una cadencia de música modernista. Por el arte de sonido mágico los Cuatro Invencibles se encontraron de repente ante la puerta de su propia casa y de narices ante su tía Ripia que, automáticamente, les dio una tunda por llegar tarde.

Muchos niños, antes que ellos, han entrado en el País de los Cuentos; algunos de esos niños son célebres en la literatura de libros de hadas, y os será fácil leer sus aventuras.

Penetrar en la región de la fantasía es algo muy sencillo, basta con tener muchas ganas de emprender el viaje. Pero Cri-Cri suplica atentamente, a quienes lleguen a ese sitio, respetarlo todo, no lastimar a los enanitos, ni tirar de la cola al dragón. ¡Los esperamos por allá!

¿Por qué no viajar en el trenecito, cuya locomotora arroja humo de algodón?

La maquinita

Pu pu pu, pu pu pu
va la maquinita
echando humo de algodón
pu pu pu, pu pu pu
todos los muñecos
se marcharon de excursión.
Y desde las ventanillas
por los campos pueden ver
a los toros y vaquillas
ocupados en comer.
Pu pu pu, pu pu pu
mientras tiene cuerda
el trencito va muy bien
pu pu pu, pu pu pu
oh, qué divertido
es poder así viajar.
Pu pu pu, pu pu pu
por un túnel negro
el trencito va a pasar
a los pobres muñequitos
asustó la oscuridad
qué contentos se pusieron
al volver la claridad.
Pu pu pu, pu pu pu
va el ferrocarril
como si fuera de verdad.

Cazadores antipáticos

Aquella mañana la paz de los campos se vio turbada por un lejano rumor, la cosa comenzó mucho antes cuando de repente los venados alzaron las orejas y levantaron una pata delantera Cri-Cri aunque dedicado a la música esta muy lejos de tener el finísimo oído de los ciervos y por lo tanto no oyó nada, pero los venados jamás se equivocan. Pasado un buen rato Cri-Cri percibió un alboroto vocinglero aun lejano, varias ardillas escalaron nerviosamente hasta la punta de un pino no tardaron en bajar con la noticia de que se aproximaba un grupo de hombres con palos que brillaban.

—Esos palos deben ser escopetas que reflejan los rayos del sol —dijo Cri-Cri.

Sordos ladridos confirmaron su sospecha, y todos los animalitos corrieron a esconderse en lo más intrincado de la espesura.

Los cazadores todos ellos bien armados y precedidos de la jauría venían vociferando, el arte cinegético exige sigilo, el cazador debe avanzar en silencio para sorprender a su presa, afortunadamente para los animalitos la mayoría de los cazadores insisten en pregonar a los cuatro vientos morrocotudas proezas imaginarias, así venían estos uno contaba como había cazado un conejo de ochenta kilos, su vecino narraba sus aventuras al derribar un enrome tigre que, además de rayado era también cuadriculado, no faltaba un tercero que aseguraba haber atravesado con un solo tiro a veinte patos que volaban en línea recta, el último cazador a voz en cuello porque venia muy atrás juraba haber capturado un gorila con una red para mariposas, cada quien gritaba procurando que su voz dominara a las demás y como de tal amo tal perro los lebreles de la jauría ladraban fanfarronamente como si fueran capaces de morderle las corvas al caballo de Troya, era fácil adivinar que ese grupo no dispararía un solo tiro como que no fuera para quemar cartuchos y regresar a casa con menos peso.

Así como llego la vara hunda paso de largo y se alejo. Aun fue necesario esperar un buen rato hasta que los campos recobraran el silencio, entonces Cri-Cri y los animalitos comenzaron a asomar cautelosamente las cabezas todavía estaban asustados con razón. Los cazadores no gastan contemplaciones aun se recuerda en el bosque la trágica desaparición de Cola Bombacha, un venado que era muy simpático, ahora su cornamenta sirve de perchero en la antesala de un ministerio y es fama que en las puntas de esos cuernos, han colgado los sombreros de insignes personajes internacionales, solo que un ciervo jamás podrá apreciar el alto honor de tener contacto aunque indirecto con los cerebros de los políticos, son tan ingenuos los venados, Cri-Cri habla de ese candor en esta otra de sus pequeñas canciones.

El venadito

Cuando el venadito baja
a beber del manantial,
siempre ve a otro venadito
que dentro del agua está.
En ese remanso claro,
en el terso espejo aquel,
ve que el venadito abajo
es en todo igual a él.
¡Salte del agua, ven a jugar!
¡Vamos al llano a corretear!

Quiero saber si me ganas
cuando te de la señal.
¡Ponte muy listo para correr!
¡Uno... dos.... y tres!
Pero la imagen del agua
ni le habla,
ni le intenta seguir.
Y el venadito
siempre solito
se va de allí.

Cri-Cri busca empleo

Una y otra vez el venadito intenta jugar con su propia imagen Cri-Cri ya le hubiera explicado el espejismo o verse reflejado sobre una superficie liquida pero el venadito huye de todos se comprende que un ciervo sea tímido y medroso, ese apocamiento es a falta de seguridad a falta de preparación. Cri-Cri también comenzó siendo tímido en cuanto la vida le exigió ocuparse en algo paso las de Caín, como muchas personas jóvenes no sabía hacer nada eso sí a falta de experiencia le sobraba imaginación pensando en que podría ganar dinero se le figuro que ser aviador era muy fácil, fue hasta el campo aéreo y comenzó a vagar por las salas de espera mientras llegaban y salían viajeros familiares, pilotos, guapas camareras. Cri-Cri se apoyaba ya en un pie ya en el otro por fin se animo a dirigirle la palabra a un barrendero uniformado, que le pareció menos imponente que los demás empleados, casi balbuceando Cri-Cri le preguntó si habría algún puesto de aviador.

—Si hay pero para los que saben volar —contesto el barrendero con una mueca lateral que parecía un escobazo de lado— y con ojos burlones le vendió a Cri-Cri un folleto arrugado que explicaba los misterios y técnica del vuelo, el mismo folleto nuevecito costaba tres veces menos en los estantes del puerto aéreo, con labios secos, ojos húmedos y orejas ardiendo en pocos minutos de lectura se entero Cri-Cri de que las cosas eran muy distintas de como las había imaginado, el piloto dentro de la cabina del avión lejos de darle vueltas a la hélice con un manubrio como los de los organillos, usa un sinfín de palancas y dispositivos complicados, además debe saber matemáticas, física, geografía, evoluciones, señales, amén de que el organismo de un aviador debe ser más resistente que el de un albañil, cosa lógica puesto que cae desde más alto, Cri-Cri renuncio enseguida a su proyecto aéreo.

Entonces recordó haber oído decir que los toreros ganan mucho dinero en una sola tarde, se dirigió a la plaza de toros y con gran sorpresa averiguo que ahí no vivía ningún torero parece ser que los toreros viven en los cafés, también se entero de que los toros pican con los cuernos con tal frecuencia que a los diestros no les alcanza para farmacia. Comenzó a ser difícil encontrar una ocupación, el siguiente intento de Cri-Cri fue en las oficinas había notado que por la mañana todos los oficinistas llegan corriendo a su trabajo, prueba inequívoca de que les encanta su labor, venciendo la timidez Cri-Cri visitó distintas empresas en las que exigían los mismos conocimientos contabilidad, taquimecanografía, sistemas de archivar, estadística, ciencia publicitaria, y paciencia para aguantar al gerente. Cri-Cri siguió sin empleo, considero hacerse novelista pero era cosa de pasarse largos años aprendiendo a escribir bien, para luego escribir mal, porque las novelas cursis son las que mas se venden, de repente Cri-Cri dio con una idea feliz la música, la música es asunto sencillo, solo consta de siete notas, en cuanto a instrumentos el violín se rasca, la flauta se sopla, el acordeón se infla, el tambor no pide ciencia solo pujanza y manipulencia, tampoco es necesario llegar a la doble virtuosidad de Santa Cecilia, de la noche a la mañana puede uno sentirse compositor e inventar canciones, con la ventaja de que todas las canciones siempre tratan de los mismo, el amor imposible así que sin pensarlo más Cri-Cri puso manos a la obra.

Mi burrita

Hay una burrita hermosa
a la orilla del camino
tiene la pezuña fina
y el pelambre también fino
como la vi tan bonita
le pedí su corazón
y me dijo la burrita
no, no, no, no, no, no, no.
Y desde entonces voy suspirando
y en suspirar pensando en ti
en ti burrita de los prados
la de pelitos esponjados
seré poeta, tendré melena
haré un poema para ti
porque dijiste rebuznando
pues que no en vez que sí.
Hay una burrita hermosa
por allá en los sembrados
tiene el hociquito rosa
y los ojos entornados
como la vi tan preciosa

le pedí su corazón
y me contestó furiosa
no, no, no, no, no, no,
que no, que no, que no, que no.
Hay una burrita hermosa
por allá en los sembrados
tiene el hociquito rosa
y los ojos entornados
como la vi tan preciosa
le pedí su corazón
y me contestó furiosa
no, no, no, no, no, no,
que no, que no, que no, que no.

Editores inaccesibles

Cri-Cri estaba ilusionado con esa canción a la burrita pero no consiguió que ningún editor de música la publicara los editores reconocieron que la composición anterior está saturada de bastante amor imposible, pero agregaron que había sido un gran error dedicársela a una burra habiendo tantas muchachas guapas en el mundo, esa serie de rebuznos y bufidos es como para enfermar a cualquier enamorado forrado con casimir.

El fracaso comercial en vez de desanimar a Cri-Cri, lo estimuló, comenzó a hacer otra canción, pero tampoco se la dedico a una dama, las muchachas que el conocía o tenían pecas o eran muy respondonas, limitándose solo a la música produjo una canción sin palabras, lo que es una componenda dentro de la composición, pero los editores tampoco aceptaron la segunda obra, según su larga experiencia, el público prefiere la música con letra, ha habido letras con tanto éxito, que ni siquiera necesitaron música como no fueran las dos notas del final, pon pon, para acabar de fastidiarla, la melodía de Cri-Cri tampoco se ajustaba a la música en boga, equivocación imperdonable. Cri-Cri intento hablar a los editores contándoles en que idea se había inspirado, era una caja de soldaditos de plomo muy hermosos, y con brillantes uniformes, pero uno de los soldados por falta de metal en la fundición, nació con una sola pierna sobre la que se mantenía muy firme. Se acercaba un gran día festivo nacional, y los soldaditos debían marchar junto a la demás milicia, mas para marcharse necesitan dos piernas, y todo el batallón estaba consternado, porque uno de ellos era cojo, tendrían acaso que dejar a ese valiente acuartelado en su caja de cartón. Llegó la fecha de la festividad y el batallón de plomo, desfiló completo. ¿Cómo lo lograron? Pues, en noble acto de compañerismo, todos, desde el capitán hasta el último hombre cubrieron el recorrido saltando a pie cojuelo.

—Eso es lo que he tratado de describir con música —añadió Cri-Cri, pero los editores no estaban para cuentos de soldaditos de plomo, y sin ambages le dijeron al autor, que mejor se fuera para su casa. Bueno como hoy estamos entre amigos, vamos a tocar en confianza la fantasía del soldadito cojo. Cri-Cri aun espera que llegue el día, en que le guste a alguien.

Estupenda quietud del bosque

La vida en el bosque es deliciosa pero los bosques del mundo son diferentes, aquellos muy al norte o casi al sur, se cubren de nieve y abundan en fieras que aúllan exigiendo vitaminas. Y los bosques ecuatoriales son tan tupidos y calurosos, que hace falta un machete, para abrirse paso en ellos, cortando rebanadas de aire caliente. El bosque de Cri-Cri es distinto, su paisaje es armonioso y poético sin lobos temibles no temporales violentos, una vez ya lejana, la floresta dejo de ser tan pacifica, porque un ogro malhumorado sentó sus reales en ella, como en el bosque no había niños, que son el postre favorito de los ogros, este bárbaro se puso todavía mas irritado si es que eso fuera posible, con sus bramidos tenia consternada a la gentecilla de pelo y pluma que habita la floresta. Un día terrible no pudiendo contener más tiempo su solera, el ogro tomo ímpetu y echando a correr cuesta abajo se lanzo de cabeza contra una gran roca, el topetazo fue tan fuerte que el ogro se incrusto enteramente en la peña, dejando un boquete, un túnel negro y profundo al que no se atreven a entrar las arañas mas audaces.

Después de esa época dramática el bosque de Cri-Cri recobró su acostumbrada tranquilidad, allí los árboles crecen hasta las nubes, y así permanecen hasta el día que se dejan caer, cansados de hacer el centinela durante quinientos años. Es cierto que a veces llegan leñadores, y derrumban algunos árboles antes de que se cumpla ese tiempo pero como se trata de leñadores muy pobres y considerados que desinfectan sus hachas, y untan con grasa el filo para no dañar la madera, pues teniendo eso en cuenta nadie protesta y el ambiente sigue siendo tranquilo, las únicas inquietas son las ardillas, suben y bajan de los árboles sin cansarse jamás, cascan nueces y cuando se hastían de comer su contenido arrojan el resto al suelo para acarrearlo a sus madrigueras, las ardillas son muy graciosas aunque no sea esa la opinión del señor topo que vive debajo de la tierra, y considera una locura el andar corriendo sobre las ramas de los árboles, pero las ardillas, si son simpáticas lindas y muy conversadoras.

¿Cómo le va?

Salta quete salta
por el bosque
iba Doña Ardilla
con una sombrilla
azul,
entre la fragancia de los pinos
y el perfume de eucaliptos
y abedul.
Corre quete corre pizpireta,
siempre tan coqueta
para poner atención
cuando en su camino
se presenta la ocasión
de entablar conversación.
¿Cómo le va,
Señor Venado?
¿Cómo le va
que tal ha estado?
Espero en Dios
que esté usted muy bien.
Y su papá, y su mamá también.
¿Cómo le va
Señora Ardilla? ¡Qué linda está
con su sombrilla!
Cuénteme usted
alguna novedad.
¿eh?
¿Cómo le va?

¿Cómo le va?
Salta quete salta
por el bosque
iba Doña Ardilla
con una sombrilla
azul,
entre la fragancia de los pinos
y el perfume de eucaliptos
y abedul
Corre quete corre pizpireta,
siempre tan coqueta
para poner atención
cuando en su camino
se presenta la ocasión
de entablar conversación.
¿Cómo le va Señor Conejo?
¡ Usted jamás
se pone viejo!
Es un milagro
que se deje ver.
Dígame usted, ¿donde se fue a meter?
Pues ya lo ve,
aquí engordando
y así, así
la voy pasando.
Cuénteme usted
alguna novedad.
¿eh?
¿Cómo le va?
¿Cómo le va?

Cri-Cri se complica la vida

La quietud del bosque acabó por aburrir a Cri-Cri en camino hacia la gran Metrópoli lo sorprendió la noche una lucecita brillaba en las tinieblas, dando tropezones Cri-Cri se dirigió hacia el farol, la linterna colgaba sobre la puerta desvencijada de un antiguo mesón, como no había mejor sitio para pernoctar Cri-Cri penetró en la posada, una sola vela adornaba varias mesas rústicas. El mesonero que no se había afeitado en un mes por falta de navaja y de pulcritud le preguntó que deseaba cenar, un vaso de agua y palillo de dientes respondió Cri-Cri, que esta a dieta nocturna para evitar pesadillas, en la mesa próxima, varios tipos patibularios hablaban con palabrotas que no figuran en el diccionario y bebían sin cansarse sendos vasos de un liquido que olía a removedor de pintura, cuando Cri-Cri apuró su vaso de agua y se disponía a saborear los palillos de dientes, los tipos de la otra mesa comenzaron a darse puñetazos, golpe iba, golpe venía, y no dejaron de pegarse hasta que todos estuvieron tendidos en el suelo.

—Es así como concilian el sueño —explico el mesonero al alarmado Cri-Cri y lo condujo a un cuartucho para que descansara, en cuanto Cri-Cri se tendió en la cama sintió que esta se movía, no por ser cama mágica sino por estar llena de insectos sanguinarios. Con el temor de pasar la noche rascándose Cri-Cri prefirió dormir de pie lo que es fácil para un caballo pero muy penoso para un viajero cansado.

Al primer canto del gallo Cri-Cri continuó su camino hacia la ciudad y recién apuntaban los rayos de sol, cuando llego a ella, a esa hora temprana, comenzó a admirar las bellezas de la gran Metrópoli, los barrenderos alzaban hermosas columnas de polvo en las calles, los lecheros armaban un alegre estrépito al entregar las botellas, señores elegantes caminando como marineros, sacaban un manojo de llaves, y no atinaban a ensartarlas en las cerraduras de sus casas. Horas después las calles de la ciudad, se llenaron de una multitud huraña, en el campo todos sonríen pero en la gran urbe, quien sabe que pasa, la gente siempre esta irritada a la menor contrariedad se comportan como la olla y el comal, una olla ya se sabe que es, en cuanto al comal, es un disco de barro que se usa en México, para cocinar tortillas mexicanas.

El Comal y la Olla

El Comal le dijo a la Olla:
"Oye Olla, oye, oye
si te has creído que yo soy recargadera
buscate a otro que te apoye".
Y la Olla se volvió hacia el primero:
"Peladote, majadero
es que estoy en el hervor de los frijoles
y ni animas que deje para asté todo el brasero".
El Comal a la Olla le dijo:
"Cuando cruja, no arrempuje
con sus tiznes me ha estropeado ya de fijo
la elegancia que yo truje".
Y la Olla por poquito se desmaya:
"Presumido, vaya, vaya;
lo trajeron de la plaza percudido
y ni animas que diga que es galán de la pantalla".
El Comal le dijo a la Olla:
"No se arrime, fuchi, fuchi,
se lo he dicho a mañana, tarde y noche

y no hay modo que me escuche".
Mas la otra replicó metiendo bulla:
"Ay rascuache, no me julla
si lo agarro lo convierto en tepalcates
y ni ánimas que grite pa'que venga la patrulla".
El Comal miro a su pareja:
"¿Que dijistes? Ya estás vieja
si no puedes con la sopa de quelites
mucho menos con lentejas".
Y la Olla contestó como las bravas:
"Mire joven, puras habas,
hace un siglo que te hizo el alfarero
y ni ánimas que ocultes los cien años
que te tragas".

Retorno a la casa sin techo

A Cri-Cri le desagradó la ciudad, tuvo que reconocer que había muchas y hermosas estatuas, aunque demasiado tiesas, también abundaban en la gran urbe importantes cruceros de anchas avenidas, donde los peatones se divertían de lo lindo, echando a correr para que no les dieran alcance los automóviles, pero, ni un arroyito ni un solo tronco caído que permita sentarse en él a meditar. Después de corta estanca Cri-Cri abandono la ciudad gris y retorno a su bosque, sin mas peripecias en el camino que haberse levantado un callo en el pie derecho llego al lindero de la floresta asombrando a varios conejos que roían nabos, en efecto sus amigos los animalitos, aunque sintiendo la ausencia de Cri-Cri habían supuesto que permanecería mucho tiempo en la ciudad en la que sin duda le otorgarían algún alto cargo debido a sus habilidades musicales, con instrumentos tan raros como la zambomba, la tipitaña y el sacabuche. Pronto corrió la voz de su regreso y alrededor de Cri-Cri se formó un grupo compacto de curiosos que ansiaban escuchar sus impresiones sobre la ciudad, lo que más admiró a sus oyentes fue oírle describir edificios tan altos que parecen veinte casas colocadas una sobre otra, para que quieren en la ciudad construcciones tan elevadas, acaso ¿viven en ella los gigantes? No, los gigantes no viven en esos rascacielos, si en alguna parte viven, nadie sabe donde sea, desde hace mucho se habla de gigantes pero aun no ha sido posible fotografiarlos, parece ser que los gigantes solo se ven en sueños, cuando el anciano Juan Pestañas, arroja polvillo en nuestros ojos, para que, dormidos imaginemos cosas increíbles.

Juan Pestañas

Buenas noches,
hasta mañana,
que Juan Pestañas
ya va a llegar.
El anciano de los sueños
bonitos cuentos
te contará.
Buenas noches,
hasta mañana,
que Juan Pestañas
ya va a venir.
¡Ponte tu pijama

métete a la cama,
porque ya es la hora de dormir!
Buenas noches,
hasta mañana,
que Juan Pestañas
ya va a llegar.
El anciano de los sueños
bonitos cuentos
te contará.
Buenas noches,
hasta mañana,
que Juan Pestañas
ya va a venir.
¡Ponte tu pijama
métete a la cama,
porque ya es la hora de dormir!
Buenas noches,
hasta mañana,
que Juan Pestañas
ya va a venir.
¡Ponte tu pijama
métete a la cama,
porque ya es la hora de dormir!

Un viaje de Cri-Cri

Un buen día Cri-Cri despertó de humor aventurero y se puso en camino llevando por todo equipaje un violín dentro de su estuche, andando, andando cruzó la frontera de un pequeño país llamado Guantia, países pequeños hay muchos, pero este se caracteriza por la falta total de turismo, porque Guantia es el país de los ladrones, ahí todos roban a diestra y siniestra, la cleptomanía es tenida por alta virtud, Cri-Cri siempre creyó que esa fama era debida a las intrigas y calumnias de las grandes naciones turísticas, de buena fe se registro en un hotel, y ya en su cuarto lo primero que hizo fue abrir el estuche del violín, con sobresalto vio que el instrumento había desaparecido, pero como desde su llegada a Guantia, no había dejado de sostener el estuche, ¿cómo le habían birlado el violín? Hirviendo en indignación se dirigió colérico a la estación de policía, y presento su queja, el comisario tomó nota de las señas del violín, marca, fecha de fabricación, perfil de las clavijas, numero de veces que desafina, etc., algo esperanzado en recobrar su instrumento, el artista dio las gracias y salió de la comisaría, pero al caminar sintió que los zapatos le lastimaban, agachándose a saber porque, noto que sus calcetines se habían esfumado, este nuevo despojo volvió a enojarlo y para cortar por lo sano, se encamino al palacio presidencial de Guantia, a ese edificio se entra fácilmente, carece de cerraduras, si las colocaran en las puertas al día siguiente habrían desaparecido, tampoco ponen centinelas porque antes de una hora les escamotean los fusiles, hallando el paso franco, Cri-Cri penetro al palacio y no tardo en dar con el presidente en persona, este caballero, don Uño Hurtado de la Ganzúa lo recibió finamente y escucho a Cri-Cri referir el robo del violín y como en la comisaría, le habían quitado los calcetines a pesar de tener puestos los zapatos.

—Buen trabajo policiaco —exclamó el mandatario en tono satisfecho, y sin más comentarios invito a Cri-Cri a comer excusándose unos instantes para firmar una sentencia, contra un individuo sorprendido en plena honestidad y a quien por el crimen de la honradez se le condenaba a robo perpetuo. Cri-Cri acepto el convite por dos razones, primero por tener apetito, después porque es fama que los presidentes, comen como sultanes aunque si turbante

Alrededor de una mesa se sentaron el presidente, sus ministros, varios aduladores titulados y Cri-Cri, mientras consumían deliciosos platos el presidente le birló al vecino de la derecha el reloj, la cartera y la pluma, al mismo tiempo el despojado, se dio maña en volarle al siguiente comensal objetos semejantes, el tercero hizo lo propio con un cuarto, y así iban los hurtos recorriendo solapadamente el círculo de la mesa, era de suponer que a la postre los objetos habrían dado la vuelta completa, retornando a su poseedor original, pero Cri-Cri estaba causando interferencia en la rueda, como el no quitaba nada ni tenia ya que le quitaran, el ágape tomo un cariz desagradable don Uño Hurtado de la Ganzúa con la cara encendida espetó:

—Esta usted, interrumpiendo nuestra digestión le concedo una hora exacta, para salir del país, so pena de ir a la cárcel por babieca.

Cri-Cri no se lo hizo repetir y se marchó mas que volando aunque antes paso por su hotel para recoger el estuche vacío, pero el estuche del violín también había desaparecido fue inútil buscarlo debajo de la cama, encima del armario o dentro del botellón del agua, Cri-Cri revisó todos los rincones, pero solo encontró una muñequita tan estropeada que ya no incitaba la codicia de los cacos.

La muñeca fea

Escondida por los rincones.
Temerosa de que alguien la vea.
Platicaba con los ratones
la pobre muñeca fea.
Un bracito ya se le rompió.
Su carita está llena de hollín.
Y al sentirse olvidada lloró
lagrimitas de aserrín.
Muñequita
le dijo el ratón
ya no llores tontita
no tienes razón.
Tus amigos
no son los del mundo
porque te olvidaron
en este rincón.
Nosotros no somos así.
Te quiere la escoba y el recogedor.
Te quiere el plumero y el sacudidor.
Te quiere la araña y el viejo velíz.
También yo te quiero,
y te quiero feliz.
Muñequita
le dijo el ratón
ya no llores tontita
no tienes razón.
Tus amigos
no son los del mundo

porque te olvidaron
en este rincón.
Nosotros no somos así.
Te quiere la escoba y el recogedor.
Te quiere el plumero y el sacudidor.
Te quiere la araña y el viejo velíz.
También yo te quiero,
y te quiero feliz.

Otro país que no está en el Atlas

Antes de la hora de gracia concedida Cri-Cri salió presuroso del país de los ladrones decidido a no volver y doliéndose de la perdida del violín y de su bonito par de calcetines rayados. En esa República de Guantia el héroe nacional es Turlerín, famoso ladrón cuya hazaña máxima fue robarse un tranvía en plena marcha, con tal destreza que sus ocupantes no se dieron cuenta hasta llegar a la terminal; el pueblo erigió un monumento en honor a Turlerín, pero en cuanto apuntó el nuevo día ya alguien se había llevado la estatua, tratando de olvidar tan amarga experiencia Cri-Cri continuó su viaje hasta llegar a los Estados Paralelos de América.

Esta singular nación no es monárquica, ni dictatorial, ni demócrata, ni socialista, ni sociatonta, Estados Paralelos de América son una República estrábica, lo que ahí domina es el estrabismo, todos sus habitantes son bizcos, y cuanto más encontrados, torcidos y trabados tenga un joven los ojos, mayor es su oportunidad para triunfar como galán de la pantalla. Los paralelepípedos así se les llama a los ciudadanos de los Estados Paralelos de América, descienden del famoso conquistador Mirachueco, ese país con más propiedad debía llamarse Viscornia sino fuera porque la dignidad nacional prohibe cualquier alusión a la bizquera, la palabra bizcocho es el peor insulto que pueda proferirse, en la patria de los bizcos hay que andarse muy derecho, sin decir o hacer nada cruzado, la letra X esta excluida del alfabeto por constar de dos trazos cruzados, por lo mismo ahí nadie suma o multiplica ya que los símbolos de ambas operaciones adolecen de idéntico defecto, cruzarse de brazos es una provocación castigada con fuerte multa.

A todo esto Cri-Cri andaba hambriento en aquella región, desde el robo del violín había quedado sin modo de ganarse la vida, pero esta circunstancia lo salvo de ir a dar a presidio, si se recuerda que la ejecución del violín exige que el arco se cruce con las cuerdas y en buen lío se hubiera metido nuestro músico, mas el apetito es un estado estomacal que aguza el ingenio, recordando que al país que fueres haz lo que vieres Cri-Cri comenzó a hacer el bizco torciendo los ojos lo más que pudo, eso le conquisto muchas simpatías y fue considerado un galante extranjero a quien no faltaron convites, hospitalidad y más de un suspiro por parte de bellas bizcas paralelepípedas, con un poco mas que hubiera forzado los ojos es seguro que alguna de ellas habría caído rendida en sus brazos, pero Cri-Cri estaba demasiado concentrado en torcer las visuales para ocuparse de romances, aquel constante bizcar le acarreo un mareo semejante al que causa dar muchas vueltas, era como si hubiese bailado cien veces consecutivas el vals del trompo esa composición que Cri-Cri dedico a una peonza tonta que lo único que sabia hacer era girar sobre ella misma.

Inconveniente de ser callado

Cri-Cri no permaneció mucho tiempo en el país de los bizcos aquel constante forzar de ojos le produjo una jaqueca insoportable. Dijo adiós y sus numerosas amistades lo despidieron con afectuosas miradas torcidas, después de varios días sin algo digno de contarse, Cri-Cri llegó a Lenguonía en cuya capital Parlate gobierna con mucho tino su presidente Don Archilabio Fodolí, Lenguonía es el país de los hablantines, ahí no hay lengua que se esté quieta se charla incesantemente y al mutismo se le tiene el mismo pavor que a la muerte.

Cri-Cri paso días difíciles en Parlate, pues siendo por naturaleza taciturno y calladote le resultaba muy fatigoso tener que hablar hasta por los codos, para evitar hacerse sospechoso de espía internacional, adoptó la costumbre de tener siempre un diccionario en la mano y leer en voz alta las palabras al tun tun, como cayeran, porque en ese país, a semejanza de algunos otros no importa que se dice con tal de que se hable mucho, nuevamente Cri-Cri pudo comprobar la sabiduría que encierra aquello de "no hay mal que por bien no venga" si hubiese tenido el violín y la mala ocurrencia de tocarlo, habría forzado a la gente a callar para escuchar la música, y bajo las leyes de Lenguonía cualquier acto que induzca al silencio es severamente castigado, las circunstancias evitaron a Cri-Cri una condena a varios años de recitaciones forzadas, sin embargo no se libró de un dolor de muelas, porque tenia que chupar caramelos constantemente para evitar que se le secara la boca. Cri-Cri tuvo que soportar el dolor de muelas porque en Lenguonía no hay un solo dentista, como se podrían sacar muelas con pacientes hablantines, en un país tan chacharero es lógico que los barberos y ventrílocuos alcancen los más altos puestos. Las damas chismosas son muy admiradas así estén mas feas que Belcebú, en Parlate se habla día y noche, si algún durmiente cierra la boca su familia llama al psiquiatra.

Como difícilmente alcanzarían todos los vocablos del idioma para tanta ragulería, el presidente de Lenguonia señor Don Archilabio Fodolí en un breve discurso que duro doce horas autorizo el libre uso de palabras malsonantes lo que favoreció mucho a la economía del léxico y Cri-Cri llego al convencimiento de que aquel bullicioso país es el que más conviene a un individuo tan imposible como el Negrito Sandia.

Negrito Sandía

Te contaré la historia
muy triste de recordar,
que trata de un negrito
con cara angelical.
Pero según memoria,
al aprender a hablar,
salió mas deslenguado
que un perico de arrabal.
Negrito Sandía
ya no diga picardía
Negrito Sandía
o te acuso con tu tía.
Y mientras ella te va a agarrar
en los cajones he de buscar
una libreta para apuntar
los garrotazos que te va a dar.
Con el palo que utiliza
el castigo te horroriza.

Y después de la paliza
me voy a morir de risa.
Negrito Sandía
ya no diga picardía
O ya verá,
O ya verá.
Y sigue aquí el cuento,
tan triste de repetir,
de aquel negrito lindo
igual a un querubín.
Por su comportamiento
consejos yo le di,
y como buen ingrato
los guardó en un calcetín.
Negrito Sandía (mareas)
cuando dices tonterías (tan feas)
y te sale ¡cataplum! de la boca
una culebrita loca.
El día que sea mayor de edad,
y te presentes en sociedad,
serás grosero y descortés
cuando discutas con un marqués.
Pues siguiendo tu costumbre
hablarás echando lumbre.
además, de buena gana,
te echarán por la ventana.
Negrito Sandía
ya no diga groserías.
O ya verá.
O ya verá.

Náutica ínfima

Cuando Hermenegildo era pequeño pasaba todo el tiempo acostado en una cuna, eso indica cuan pequeño era Hermenegildo a pesar de su largo nombre pero por cariño, dieron en llamarlo Childo, aunque todavía no llegaba a la edad que permite dar tirones de cola, Childo ya tenía un gato, este gato Marramacús también estaba todo el tiempo metido en la cuna con su amito, cierta vez el río aumento súbitamente de nivel y el agua inundo las casas, la cuna del nene flotando fue arrastrada por la corriente, en esa improvisada embarcación iban: Childo tranquilo y Marramacús con los pelos de punta, la cuna fue rescatada al cabo de corta navegación y al mes siguiente cuando casas y calles ya estaban secas todo pareció quedar igual que antes, pero no fue así, dos caracteres se habían definido desde entonces el niño, al ir creciendo se apasionó por los barquichuelos de papel, los maderos flotantes y cuanta charca encontraba al paso, en tanto que Marramacús aumentaba el aborrecimiento por el agua y no podía verla ni embotellada, ya siendo un jovencito, Childo soñaba con la marina Marramacús con la cocina, andando el tiempo Childo se alistó de grumete en un barco y si Marramacús no llegó a cocinero fue por preferir la carne ya hervida a cambio de trabajar durmiendo junto al fogón, desde ese día el niño y el gato se separaron, mientras Childo ascendía de grumete a marinero, de marinero a contramaestre y de este a capitán, Marramacús ronco exactamente 23,427 según un ratón que lo espiaba y que era muy afecto a la aritmética.

Childo recorrió los 7 mares, doblo todos los promontorios, luchó contra la marejada y habiendo navegado desde la cuna, logro ser un marino tan experto, que los temporales ya no se metían con él para no perder el tiempo, sin embargo llego un día en que perdió las fuerzas y su cabellera se puso blanca, ya no volvió a navegar pero todas las tardes en la playa, hora tras hora, Childo contemplaba el mar, hasta que se encendían los farolitos del firmamento, así lo conoció Cri-Cri y así lo retrató en una canción.

El marinero

Un marinero de pelo cano
como la espuma blanca del mar,
todas las tardes, en este banco,
su vieja pipa viene a fumar.
Quema el tabaco y uno por uno
de aquellos días vuelve a pasar
con la sirena de trenzas de humo
que en el pasado lo hace soñar.
¿Recuerdas, marinero,
tu barquito en el mar de la China;
que flotaba muy ligero,
en las olas como golondrina?
Y ¿recuerdas, marinero,
la sonrisa de aquellas princesas;
que salvaste de la gruta
del dragón de quinientas cabezas?
¡Toma tu pipa y ponte a fumar
mientras te canta la brisa del mar!
¡Toma... tu pipa... y ponte a fumar
mientras... te canta... la brisa... del mar!
¿Recuerdas, marinero,
el País de los Bosques Gigantes;

en los cuales la hierbita
es del alto de los elefantes?
Y ¿recuerdas, marinero,
la gran isla del fiero pirata;
y sus playas adornadas
con diamantes, con oro y con plata?
¡Toma tu pipa y ponte a fumar,
mientras te canta la brisa del mar!
¡Toma tu pipa y ponte a fumar,
mientras... te canta... la brisa... del mar!

¡Conozca usted el mundo!

Que interesante debe ser la vida del marino, por fortuna sólo unos cuantos se dedican a la vida del mar, si todos viviéramos sobre los barcos, no quedaría nada en seco, lo ideal seria viajar por mar, por tierra y por el aire, pero eso cuesta tanto que se vuelve prohibitivo, había una vez un joven que tenia un automóvil y una historia de las friegas alcanforadas en 50 volúmenes, con la ilusión de hacer un viaje a través de Europa, vendió el auto por el cual le dieron algo, y abandono en plena calle los libros, porque nadie los quería ni regalados gracias a las facilidades de una agencia de viajes, se gasto toda la plata en visitar en solo quince días y tres cuartos de hora, París, Londres, Estocolmo, Copenhague, Ámsterdam, Berlín, Ginebra, Viena, Venecia, Roma, Atenas y las islas Pitusas, en esos lugares con una velocidad que ya quisieran las ambulancias, pudo admirar todos los sitios históricos, museos, palacios, jardines, teatros, lavanderías y demás atracciones turísticas, a su pronto retorno ya no tenia dinero ni la menor noción de lo que había visto, porque fue tanto que se hizo un lío, un viaje extenso, minucioso y detenido, exige una fortuna para poder viajar con calma cierto tendero; se dio prisa en ganar dinero vendiendo kilos de 800 gramos, al cabo de medio siglo, tenia un capitalazo que se escribía casi con una docena de cifras, entonces fue cuando realizo su sueño de darle la vuelta al mundo sin carreras, pero como estaba cansadísimo de tanto trabajar, realizo su sueño sin correr, como se escribe, todo el viaje se lo paso durmiendo, de modo que quedo en las mismas que el trotamundos apresurado. Estos ejemplos demuestran lo difícil que es aprovechar un largo recorrido, papá elefante no tiene la menor intención de tragar leguas, primero porque está muy panzón y también porque tendría que acarrear a su elefantito por el mundo.

Papá Elefante

Tempranito a comer
llegó Papá Elefante;
se aflojó su cinturón,
se soltó los dos tirantes.
Y Papá Elefante,
contento y barrigón,
se sirvió su sopa
con el cucharón.
Junto a él, un elefantito
estaba sentadito
sin comer, sólo jugueteaba
golpeando la cuchara.
A ver, hijito, si tomas tu sopa.
Y cuando comas no suenes la boca.

¡Pero papaíto,
es que no me gusta
sopas de lenteja ni fríjol!
Yo quiero un pedacito
que sea muy grandote
de aquel pastelote
de limón.

Atleta oficinista de récord único

Todos los días se repite la misma escena en casa de papá elefante, a veces el bonachón paquidermo se enfada de tanto reprender a su hijo, en esas ocasiones, papá elefante enarbola la trompa y agita las orejas colérico.

—¡Para que me habré casado! —exclama en elefantés, el elefantés es el idioma de Elefancia, mas cuan preferible tener familia que vivir solo, Cri-Cri recuerda la triste vida de un soltero que trabajaba en una oficina oscura, aquel pálido empleado se llamaba Crispín Crespón y tenía una debilidad, tal cosa es común todos tenemos debilidades, pero la debilidad de Crispín era el levantamiento de pesas, podía aguantar a pulso 300 kilos, nadie hubiera sospechado que en aquel cuchitril la existencia de un atlas con mangas negras. Las horas de oficina le parecían eternas y cuando por fin llegaba el ansiado momento de salir, Crispín huía corriendo hacia su casa, a salto subía la escalera, esgrimía nerviosamente la llave, penetraba con ímpetu a su cuarto y ¡oh felicidad! Se arrojaba amorosamente sobre las palanquetas, las pesas, las grandes barras de acero y las mecía con pasión en sus brazos, aquello si era vivir, con 80 kilos alrededor del cuello, 200 sobre los bíceps, más otros cincuenta y pico repartidos en la cintura y las pantorrillas se podía respirar a gusto, al día siguiente malhaya había que volver a la oficina.

Repetidas veces Crispín había solicitado en el circo, el puesto de hombre fuerte, mas, ironías del destino, a pesar de su vigor extraordinario el oficinista era muy delgado, no estaba presentable, todo Hércules de circo necesita corpulencia, amplitud de espaldas, exuberancia de carnes, lo que es menester para que los espectadores exclamen: ¡Ah bárbaro! Sin suficientes mantecas no es comercial, así las cosas, un día el flaco Crispín tuvo la ocurrencia, la inspiración feliz y oportuna de abrazar el partido de las papas fritas, las patatas contienen sustancia, fritas y saladas se pueden llevar en una bolsa de papel, para comerse en cualquier sitio, por ejemplo el cine, en la oscuridad el continuo roce de las frituras y el papel produce un sonido penetrante que hace saltar de gusto a los espectadores próximos.

Fiel a su plan Crispín comenzó por comer una bolsa de papas fritas, al día siguiente dos, cuanto más comía más le gustaban, varios meses después nuestro flaco ya no lo era tanto, diariamente masticaba tal cantidad de papas fritas que no era económico comprarlas por bolsa ahora la adquiría por maleta, sus huesos antes prominentes naufragaron bajo una capa de grasa cada vez más rolliza, se hizo poco comunicativo ya que no podía hablar y engullir al mismo tiempo, Crispín dejo de ser delgado, era un popular gordito que iba por todas partes cargando su maleta de papas fritas, alzaba discretamente la tapa y ¡zas, zas! Un par de puñados eran ingeridos cada 20 pasos, el volumen del hombre progresaba, y así como las bolsitas de papel fueron en un tiempo insuficientes, la maleta llego a serlo también, Crispín se hacia seguir por una carreta repleta de papas fritas, al año siguiente sustituyo la carreta por un vagón de ferrocarril.

La producción nacional de papas doradas, ya no bastaba surtir los pedidos se importaron del extranjero y hubo que solicitar papas hasta de Papoasia, Crispín agotaba las sartenes internacionales, se hizo famoso y durante algún tiempo sus fotografías salían en los diarios, después ya no, estaba tan gordo que su retrato no cabía en una pagina entera, aunque suene increíble, aun engrosó más, se volvió esférico, y para cambiarlo de sitio lo rodaban como balón una cuadrilla de trabajadores con azadones sin darse reposo, echaba en su boca paladas y mas paladas de papas fritas, tan monstruoso consumo provoco resentimientos por parte de quienes preferían patatas hervidas, aquella enorme demanda subió el precio a tal punto que los tubérculos se convirtieron en articulo de lujo, para halagar a las damas en vez de un ramo de rosas se les enviaba una papa, la política mundial abandono los laboratorios nucleares e intrigo en la huertas de patatas, como cuando el diluvio la vida peligro porque la humanidad estaba empapada, el desenlace de esta crítica situación se ignora porque a Cri-Cri se le acabo el hilo, se canso de inventar fantasías culinarias y torció su imaginación hasta el desierto en pos de una camello errante.

Jorobita

Por el desierto
un pobre camello pasó,
ofustalmut ala
Iba sediento, cansado,
muerto de calor, marfajet marajha.
Pero por suerte no lejos de ahí,
unas palmeras lo vieron venir,
y lo llamaron a voces diciéndole así:
Si es que tú quieres beber,

si tú quieres descansar,
pues no dejes de venir acá.
Además has de saber
que te quiere conocer
cuanto antes nuestro Gran Sultán.
Solitario y quejumbroso
el turbante lo fatiga,
pues no tiene más negocio
que rascarse la barriga.
Jorobita, por favor,
ven a ver al buen Sultán
y así ya no tendrás más calor.
Dando traspiés en la arena
despacio avanzó
Iba sacando la lengua,
y se tambaleó...
Y las palmeras, a todo correr,
desde el oasis salieron por él,
pues el cansado camello se iba a caer.
A la sombra del jardín
el sultán Balunk Salim
en la boca le sirvió un "ice cream".
El desmayo fue fugaz,
y el camello muy voraz
despertó para pedirle más.
Como a mí me sobra esbacio,
si usted quieres consentir,
te regalo mi balacio
todo entero bara ti.
Y a la diestra del sultán,

sentadito en un diván,
Jorobita se quedó a vivir.

Mañanitas mojadas

En la época de lluvias las mañanas amanecen muy húmedas, el señor don Gallo, al anunciar la aurora debe cantar con el cuello envuelto en una bufanda o un tapabocas de plumas, el frío ambiente podría arruinar su brillante kikiricuche mañanitas mojadas, las campanas del templo, escurren agua a lo largo de sus faldas de bronce, los charcos son espejos argentinos que rechazan la primera luz del día, todavía hay goteras dedicadas a su labor, tin tin hacen contra el suelo las gotitas retrasadas.

Los niños más pobres van hacia la escuela, hundiendo alegremente sus pies descalzos, en los charcos vidriosos, los niños de aquellos que tienen mucho son arropados antes de partir en carruaje para el colegio, que importa como vaya uno, que importa... estas mañanitas mojadas son deliciosas, sino fuera porque debo portarme bien para corresponder a los esfuerzos de mi madre entonces jugaría toda la mañana con pedacitos de agua hasta que el fango me llegara al copete como un negrito feliz, mañanitas mojadas, que limpio se ve mi pueblo con sus tejas rojas lavadas que albor de las nubes tempranas que intenso el verde del monte, cuanta agua para la vida, agüita que sube y baja que baja y sube inquieta.

El chorrito

La gota de agua que da la nube
como regalo para la flor
en vapor se desvanece
cuando se levanta el sol;
y nuevamente al cielo sube
hasta la nube que la soltó.
La gotita sube y baja,
baja y sube
al compás de esta canción:
Allá en la fuente
había un chorrito,
se hacía grandote
se hacía chiquito;
allá en la fuente
había un chorrito,
estaba de mal humor,
pobre chorrito tenía calor
estaba de mal humor,
pobre chorrito tenía calor.
En el paisaje siempre nevado
acurrucado sobre el volcán
hay millones de gotitas
convertidas en cristal.
En el invierno la nieve crece,
en el verano la funde el sol.
La gotita sube y baja,
baja y sube
al compás de esta canción:

Ahí va la hormiga
con su paraguas
y recogiéndose las enaguas,
Ahí va la hormiga
con su paraguas
y recogiéndose las enaguas,
porque el chorrito la salpicó
y sus chapitas le despintó
porque el chorrito la salpicó
y sus chapitas le despintó.

Gustos de Cri-Cri

A Cri-Cri le gusta el agua porque nació donde el agua bulle, en aquel sitio las raras veces que no cae del cielo basta asomarse al puente para ver como canta el río, no sólo el agua, Cri-Cri gusta de tantas cosas que numerarlas todas bastaría para colmar la paciencia de un santo anacoreta, mas en la larga lista de sus predilecciones cabe mencionar la noche, quizá por haber sido grillito en otros tiempos Cri-Cri adora el reinado de las sombras.

Sombra no significa oscuridad, la sombra pide un poquito de luz para existir, ese tanticuanto de claridad puede ser una luna cornuda, una lunita oronda o un sinfín de luceros esparcidos por las manos del sembrador eterno, en la noche se canta, en la noche se reza, van por la noche tontillos que empinan botellas y astrónomos que apuntan telescopios, quienes ambulan por la noche se llaman noctivagos, recorrer las callejuelas oscuras sin saber a donde va uno, es una perdida de tiempo muy apreciada por los soñadores; a veces las sombrías encrucijadas están tan repletas de ilusos que basta la menor torpeza para dar de narices contra un poeta.

Y la noche va tendiendo su infinita hebra negra, adentro de las casas quietas cuando los moradores confían sus cabezas a suaves almohadas frescas, suceden cosas, cosas fabulosas pero ciertas, mas habría que ser un muñeco de cartón para creerlas.

Baile de los muñecos

Al sonar las tres de la mañana
los muñecos se paran a bailar.
La casa está dormida
y nadie los verá,
y salen de sus cajas
dispuestos a gozar.
El primero que ha llegado
es el Soldado Bigototes
en su caballito de cartón,
y después el Gato Félix
y Pinocho en un carrito
arrastrado por un buen ratón.
La Cocorica y Miguelito vienen juntos.
Caperucita viene atrás en un camión.
Y agarrándonos las manos
los muñecos brincoteamos
hasta que aparezca el Sol.
El muñeco de sorpresa
asomando la cabeza
a todos los asustó.

¡O se callan por las buenas
o les jalo sus melenas,
porque no dejan dormir!
El Gato Félix se acercó y dio un zarpazo
que a Narizotas a su caja regresó.
Y aunque el tonto del payaso
se enfurruñe bailaremos
hasta que aparezca el Sol.

Más confesiones sentimentales

Cri-Cri recibió una reprimenda, con severidad se le advirtió no soltar su imaginación como mariposa nocturna y negra, jamás hablar a los niños de terror, oscuridad o cosas que sean siniestras, Cri-Cri se marcho con el corazón entre las piernas, de ser perrito su cola hubiera soportado semejante pena, el severo advertidor esta en lo justo y su sofá lo demuestra, ¿qué haré ahora? Se preguntó Cri-Cri en confusión inmensa, ¿qué haré con mis brujas, mis gigantes y los duendes torvos de la pradera?, las brujas de noche podrán parecer de veras, a la luz del sol no son sino quimeras, los gigantes quedaran tendidos en monte y sierra en cuanto a duendes ya los ahuyenta el estrépito de nuestra vida moderna, ¿qué decía en mis canciones? Trabajar, vale la pena, de nobleza ni se piensa, el consejo esta de más referente a la limpieza, todo eso tocare en ronda cascabelera, pero, no poder cantar a mis brujitas viejas e inofensivos gigantes y duendes que desesperan, sin la sopa que recibo quizá yo también me vuelva una cosa que no existe, un soplo de la existencia, algo más vago que el aire, un eco de la cantera, esa sopa cotidiana es más pesada y densa que el azogue quebró la cuchara para que nadie comiera, mi corazón clavado en tres cruces de conveniencia aun quiere saltar y perderse en la leyenda.

El fantasma

Hay un castillo en España
al cual sólo ruinas le quedan en pie,
y se cuenta que ronda por él
un fantasma más grande que un buey.
Ante tan negra leyenda
cualquiera que tenga sentido común,
a deshoras escapa veloz,
o el gigante lo pesca, y ¡adiós!
No hay turistas nocturnos allí,
mas a media noche de un viernes yo fui...
Apareció en un rincón.
Taca taca tín,
dándole al tacón,
chiquilicuatro y pelón,
era bailarín
de lo más chambón.
Pero sin volumen para horrorizar
resulto fantasma de publicidad.
Viendo mi ceño fruncido
aquel mequetrefe me hizo notar
cinco siglos de tal soledad
que aburrido le dio por bailar.
Jura que en tiempos de Moros
él era un gigante terrible de ver,

mas la dieta lo hizo encoger
(en las ruinas no hay que comer).
Solicita con gran humildad
otras viejas ruinas de más calidad ...
Hay que esperar la ocasión
Taca taca tín,
síguele al tacón,
aunque como bailarín
taca taca tá
no será mejor.
¡Pero en chimoltretas de imaginación
eso de fantasmas aquí terminó!

Atardecer campestre

Iba pasando Cri-Cri por una colina de suave pendiente cuando el sonido de un cencerro lo hizo volver la cabeza, allá enfrente en la pradera esmeralda se distinguía, una mancha blanca que semejaba un laguito de leche, —ovejas sin duda— se dijo Cri-Cri, no podía ser un lago de leche, hasta la fecha los lagos han contenido agua, y así lo seguirán haciendo, salvo caprichos de la moda, en cuanto al cencerro jamás se ha conocido uno que flote, así sea agua leche o cualquier otro líquido.

Convencido de que se trataba de numerosas ovejas, Cri-Cri dirigió sus pasos hacia el rebaño, conforme se acercaba al grupo, estimó las ovejas en un centenar, tal vez habría más, pero como Cri-Cri solo sabe contar hasta cien su cálculo no paso de esa cifra segura. En el centro del rebaño una linda pastora lloraba desconsoladamente y sus lastimeros hipos eran coreados por las ovejas por tristes balidos.

Cri-Cri se acerco a la doliente muchacha con la mejor intención de serle útil en algo.

Sí, era linda la pastora y nada desbaratada, primero lloraba con un ojo y luego con el otro, para administrar las lágrimas. Cri-Cri comenzó por rogar a la bella que suspendiera por un minuto el lloriqueo ya que es imposible comprender palabra de quien gime y solloza, durante esa breve tregua, Cri-Cri supo que la aflicción de la pastora era debida a que ella sola tenia que trasquilar las ovejas y como eran tantas cuando estaba cortando la lana a las últimas las primeras ya habían echado vellones, de modo que era cuento de nunca acabar y concluido el minuto de aclaraciones, la muchacha nuevamente dio rienda suelta a su llanto. Entonces Cri-Cri compadecido sacó un cuchillito mágico de corte rápido y poniendo manos a la obra en un santiamén dejó a todas las ovejas pelonas, pero como en un artista priva lo estético al trasquilarlas les dejo la lana sobre el testuz en forma de peluca, con ese arreglo el rebaño recordaba la corte de Luis XV cuyo reinado se considera como época muy elegante, solo que al ver sus ovejas luciendo peluca la pastora arreció el llanto, esta vez con ambos ojos a un tiempo.

Cri-Cri se cercioró de haber cometido una torpeza. Tomó nuevamente su cuchillito mágico, y en dos por tres dejó a las ovejas más calvas que un cascarón de huevo. La linda pastora lo miró con los ojos cuajados en lágrimas, pero no de agradecimiento sino de amargo reproche. En el último instante había cambiado de parecer y encontrando graciosas a las ovejas no perdonó a Cri-Cri el haberles tronchado la peluca.

Como se trataba de una pastora difícil de complacer Cri-Cri se embolsó el cuchillo de tajo instantáneo, saludó por urbanidad y se marchó corrido. Está escrito que en esa fecha Cri-Cri navegaría en un mar de lagrimas, apenas llegó a casa dio con otro llorón pero este de cuatro patas.

El perrito

Al perrito le duele una muela
le dolió por morder la cazuela.
Ya ves por ser guerrista
te la tienen que sacar
a la casa del dentista
ahora mismo vas a dar.
Al perrito le duele una muela
no podrá ir mañana a la escuela.
Al perrito le duele su muela
y no quiero que al pobre le duela.

Una noche desastrosa

Los lamentos del perrito continuaban ya entrada la noche cuando la luna asomo tras el tejado, para mitigar su dolor Cri-Cri trato de frotarle la encía con un dedo y lo único que consiguió fue ganarse una mordida muy poco amable, los buches suelen calmar el dolor de muelas mas no hay perro que sepa hacer buches a menos que sea perro de circo, Cri-Cri se acostó y trató de pegar los ojos, las diez... las once... media noche... persistían los aullidos lastimeros.

Cri-Cri no era el único trasnochado, con frecuencia de las ventanas vecinas alumbradas por el claro de Luna partían proyectiles hacia la perrera del can doliente, según el sonido del impacto Cri-Cri podía saber desde su cama si el objeto arrojado era un zapato, una taza o una jarra de peltre. Los zapatos viejos predominaron, pese a tan nutrida artillería el perrito no cerraba el hocico, fue mucho después, quien sabe a que hora oscura cuando por fin dejo de aullar, la noche recobro su silencio, pero a Cri-Cri se le habían ido las ganas de dormir y como no era cosa de pasársela tendido sobre el colchón como una momia despierta, decidió levantarse, se abrigo encasquetándose un sombrero y se puso a estudiar el clarinete, ruidos sordos a través de las paredes, le indicaron que algunos durmientes se habían caído de sus camas, instantes después otra lluvia de zapatos azoto la ventana de Cri-Cri, este comprendió, desarmo el clarinete y lo volvió a su estuche, pero con los lloriqueos del perro y las desafinaciones de Cri-Cri el vecindario entero se había despabilado de modo que el resto de la noche transcurrió entre fuertes discusiones de política y el canto tembloroso de una señorita que hace desde cuarenta años estudia opera.

Al romper el día todos los del barrio tenían ojeras de eclipse y como al salir el sol la ciudad comenzó a palpitar ruidos modernos Cri-Cri se desayuno con chocolate y con jaqueca, que no hubiera dado por encontrarse en ese momento en Reino Tranquilo, Reino Tranquilo es una región silenciosa donde sólo viven un monarca bonachón y un bebé por todo pueblo.

Vals del rey

En un país hubo un rey
y un habitante que era muy fiel
un habitante tan solo no más
y que tenía seis meses de edad
siendo pequeño lo había de cuidar
y que cantarle al irlo a acostar.
Este es el vals que canta el rey

para dormir a su bebé, le dice así:
duerme mi bien, porque ya el sol se va a poner,
dormir, dormir que no hay que hacer
la luna llena te viene a ver.
Dormir, dormir que no hay que hacer
las estrellitas vendrán también.
Este es el vals que canta el rey.

Ventaja de la sordera

A Cri-Cri le agradaría meterse a vivir en esa canción que acabamos de escuchar, Reino Tranquilo es el lugar ideal para las meditaciones de un músico, sólo que las leyes de ese país silencioso exigen que aparte del monarca sólo haya un habitante, la presencia de Cri-Cri duplicaría la población y ese canto carece de espacio para tanta gente, viéndose obligado a vivir en el mundo real lo más del tiempo Cri-Cri trato de resolver su problema en otra forma ya que los ruidos violentos y descompasados le ahuyentan las ideas y lo ponen más irritado que un coronel en día de desfile, lo práctico seria lograr el control del aparato auditivo.

A fin de tomar consejo Cri-Cri se dirigió a la sociedad de tímpanos delicados, paso estéril porque sus miembros ante el auge de la música discordante y el monto del estrépito de los motores sus miembros, repetimos, incapaces de soportar tanto alboroto habían terminado por hacerse estallar sendos petardos en ambas orejas para ingresar a la unión de sordos definitivos, pero a Cri-Cri tampoco le conviene quedar como una tapia, necesita oírse aunque sólo sea para oír lo mal que canta, es verdad que el compositor más genial que ha existido era sordo, mas, como la excepción no hace la regla, Cri-Cri prefiere evitar los extremos, quizá practicando un deporte fuerte calmaría sus nervios y no estaría tan quisquilloso sólo que en el fútbol le atizan a uno más patadas que a la pelota, en cuanto al box o pugilato, pues ya es bastante triste haber nacido feo para empeorarlo, tal vez el ciclismo sirva, aunque tampoco esta exento de batacazos como lo demuestra la siguiente canción sobre un chivo intrépido.

El chivo ciclista

Era un chivo en bicicleta sin saber andar
contra la banqueta el manubrio fue a clavar
¡que se cae! ¡que se cae! ¡que se cae! ¡que se cae!
¡Todo es cuestión de practicar!
Iba el chivo piocha en bicicleta de alquiler
que valor derrocha en sus ansias de aprender
¡que se cae! ¡que se cae! ¡que se cae! ¡que se cae!
¡Como treinta jarros fue a romper!
Quiebre usted el manubrio pa' poderse sostener
pero el chivo se hizo bolas sin saber que hacer,
¡que se cae!, ¡que se cae!, ¡que se cae!, ¡que se cae!
¡Hacia el piso nunca hay que ver!
Y por fin el chivo ser ciclista consiguió
mas su larga barba en la rueda se atoró,
¡que se cae!, que se cae!, ¡que se cae!, ¡que se cae!
Contra un gendarme retachó.

Cri-Cri físico

La vida en el gran bosque es deliciosa y la gentecilla de pelo y pluma que la habita consiste en animalitos muy simpáticos pero también muy ignorantes, teniendo en cuenta esa incultura Cri-Cri decidió impartir un curso de sabiduría en tres lecciones, el solo anuncio del proyecto atrajo a muchas ardillas, conejos, gamos, varios patos de un estanque vecino y una tortuga que llegó al último de todos, los animales ardían en curiosidad.

—Esa sabiduría, ¿es algo que se come?

—Pues si —admitió Cri-Cri—, los conocimientos son el alimento del cerebro. Y estando rodeado de numerosa concurrencia dio principio su cátedra, comenzó por la Física, que trata de las propiedades de los cuerpos.

—¿De los puercos? —preguntó un pato simplón

—¡Sshhhh! —sisearon los demás estudiantes, Cri-Cri ató un cordel a un guijarro y sosteniendo la cuerda por el extremo libre dejo colgar la piedra en el aire.

—Esto es una plomada e indica la dirección vertical lo contrario es la horizontal como la superficie del agua tranquila

—Yo prefiero la horizontal —afirmó un conejo perezoso que tiene fama de dormilón. Cri-Cri explicó que el guijarro amarrado queda quieto porque lo atrae la tierra sin el cordel caería obedeciendo a esa atracción, después tomo un segundo guijarro en una mano, una pluma en la otra y dejo caer ambos objetos desde cierta altura, la pluma llego al suelo mucho después que la piedra

—¡Porque pesa menos! —exclamó una ardilla, dándoselas de lista.

—¡Falso! —aseguró Cri-Cri—, todas las cosas por diferente que sea su peso, caen a la misma velocidad, si la pluma o un papelito caen despacio eso es debido a la resistencia del aire, el aire tiene cuerpo y para demostrar que el aire se puede apretar o comprimir Cri-Cri infló con la boca una bolsa de papel y de brusco manotazo la hizo estallar, el estrépito asustó a los animalitos que lo atribuyeron a un disparo de escopeta, y ya corrían a esconderse en sus madrigueras cuando Cri-Cri los tranquilizo, lo que le costo buen trabajo, pero tuvo que interrumpir la sesión con tantos y difíciles experimentos de Física sus estudiantes mostraban claros síntomas de estar mareados, se dio por terminada la primera lección de sabiduría y como un clavo saca otro clavo, Cri-Cri permitió que los animalitos se recuperaran del vértigo dando infinitas vueltas en el carrusel, caballitos, Tío Vivo o feriecita un artefacto giratorio que satisface a los simples de espíritu.

El carrusel

Dando, dando de vueltas,
los caballitos del carrusel
saltan repiqueteando
su cascabel.
Patos, perros y gatos,
y conejitos de blanca piel,
gritan al ir montados
en su corcel.
¡Arre caballito!
Quiero galopar.
eres de madera
y no te has de cansar.
Dando, dando de vueltas,
corriendo siempre en redondel,

giran los caballitos
del carrusel.
Dando, dando de vueltas,
los caballitos del carrusel
saltan repiqueteando
su cascabel.
Patos, perros y gatos,
y conejitos de blanca piel,
gritan al ir montados
en su corcel.
¡Arre caballito!
Quiero galopar.
Eres de madera
y no te has de cansar.
Dando, dando de vueltas,
corriendo siempre en redondel,
giran los caballitos
del carrusel.

Cri-Cri botánico

Esa misma noche Cri-Cri pretendió dar la segunda lección hablando de Astronomía, enseñando los nombres de las estrellas y explicando como la Luna cambia de aspecto en cuatro semanas según este con respecto al Sol, pero en el bosque, con excepción de las lechuzas y de los pícaros ratones todos los demás animalitos se acuestan muy temprano, por lo que hubo que renunciar a la ciencia del espacio, al día siguiente en el mismo sitio, prosiguió el curso de sabiduría.

—Hoy hablaremos de Biología —anunció Cri-Cri—, la Biología es el estudio de la vida, las plantas y los animales son los dos grandes grupos de seres vivientes, sin las plantas dijo señalando el bosque no estaríamos aquí.

—Claro que no —interrumpió la ardilla vivaracha— sin los árboles estaríamos a campo raso.

—Lo que quiero decir —repitió con paciencia el profesor Cri-Cri—, es que sin vegetales, no existiría ningún animal, sin vegetales la vida es imposible.

—¡Bravo! Bravo! —aplaudió un grupo de conejos muy afectos a nabos y remolachas.

Cri-Cri tomo entre sus dedos una bellota y mostrándola admiro a su auditorio asegurando que la semilla contenida en la bellota, hundida en tierra y bajo la acción del agua, el aire y el Sol, en unos cuantos años, crecería en forma de alta encina, eso tan pequeño, ¿se puede volver un árbol corpulento? ¡Maravilloso! Los animalitos ya iban comprendiendo las ventajas del curso de sabiduría, casi todos ellos comenzaron a inflar el pecho sintiéndose muy científicos, la única excepción fue el pato simple que no le veía la punta al asunto, Cri-Cri añadió que las plantas son diferentes según el clima en que viven, en las regiones heladas, sólo prosperan los pinos y algunos musgos, en las zonas de temperatura benigna crecen la mayoría de las plantas conocidas, pero es en el Ecuador bajo un Sol tórrido donde la variedad de vegetales parece no tener fin, Cri-Cri describió la fragilidad de un bosque tropical y para reforzar el cuadro de tierra cálida agrego una de sus canciones.

La guacamaya

Lejos de aquí
cerca del mar

en la famosa Huasteca.
Un periquín
se encaprichó
por una verde muñeca.
Ciego de amor
toda su fe
toda la puso en un ave
mas sucedió que ella
se fue sin escuchar su clamor.
Guacamaya lindo sol
tu perfil redondo
y tu plumaje multicolor.
Lejos de aquí
cerca del mar
en la famosa Huasteca.
Un periquín
se encaprichó
por una verde muñeca.
Ciego de amor
toda su fe
toda la puso en un ave
mas sucedió que ella
se fue sin escuchar su clamor.
¿Guacamaya donde estarás?
¿Hay será en la playa?
¿Será en el bosque?
¿O en dónde más?

Cri-Cri zoólogo

Con la disertación sobre Botánica o estudio de las plantas, el curso de sabiduría en tres lecciones, había llegado a sus dos terceras partes, hoy sería el fin de los estudios, los animalitos del bosque acudieron en tropel cuando Cri-Cri llamó dando con un garrote sobre el tronco de un árbol hueco. Gamos, ardillas, conejos, patos y tortugas ocuparon sus lugares habituales, hoy trataremos de Zoología o ciencia que se ocupa de los animales.

—¡No seas animal! —le dijo un conejo a un gamo—. Me estas pisando la cola.

Con una mano escondida en el chaleco en actitud napoleónica Cri-Cri comenzó diciendo que los animales se clasifican en vertebrados, o sea los que tienen huesos e invertebrados los que carecen de ellos, pero deseando herir la imaginación de sus oyentes Cri-Cri adelantó que los insectos son los animales mas abundantes, hay más de 600,000 clases distintas y para ilustrar lo que significa el numero 600,000 dijo que si cada minuto pasara marchando un insecto distinto, la caravana de variedades necesitaría casi catorce meses para concluir el desfile, varios escarabajos que se habían colado entre las patas de los conejos comenzaron a lanzar vivas, a Cri-Cri, uno de los escarabajos aplaudió con tal frenesí, que cayó de dorso y hubo que enderezarlo porque solo no podía hacerlo y se hubiera quedado pataleando toda la vida. Cri-Cri agradeció la ovación de los escarabajos pero aclaro que el no ha tenido arte ni parte en la superproducción de insectos el honor, como todos los demás honores recae en el creador del Universo y es a él a quien deben darse las gracias, después de la ruidosa interrupción Cri-Cri reanudo su charla sobre Zoología. Los animales se clasifican así: los vertebrados, ejemplo, el ecus asinus, cuyo nombre vulgar es borrico; los moluscos, ejemplo el elix pomatia o caracol;

los artrópodos, ejemplo, apismelitica o abeja; los gusanos, ejemplo, el umbricus conocido por lombriz; aun hay otros cuatro tipos; los equinodermos, los polipos, los esponjiarios y los protozoos a los que pertenecen respectivamente, el espinoso *equinus esqulentus*, la *eupleptela astergilum*, el *paramesium caudatum* y la *diflugia actinusferium*. A estas alturas de la erudita explicación Cri-Cri notó con sorpresa el silencio que lo rodeaba no se escuchaba siquiera el rumor de una hoja, "que gran interés tienen estos animalitos por la ciencia" pensó Cri-Cri satisfecho e iba a continuar con sus latinejos zoológicos cuando notó que la causa del silencio no era debida a la atención de sus discípulos sino a que todos ellos se habían dormido, reflexionando en que se la había pasado la mano, Cri-Cri tomo la cachiporra y dando contra el tronco de árbol hueco, despertó a los estudiantes, entonces Cri-Cri les hizo una profunda cortesía diciendo:

—Así ha concluido el curso de sabiduría en tres lecciones ya no quedaba sino irse cada cual a donde le diera la gana, pero los animalitos continuaron sentados, sin abandonar sus sitios.

—¿Qué esperan? —les pregunto Cri-Cri.

—Nuestros diplomas de sabios —respondieron a una.

El profesor se negó a extender diplomas del tipo que fueran, con lo que los animalitos terminaron por marcharse muy disgustados, diciendo que Cri-Cri era un tramposo, pero minutos después todos ellos habían olvidado la ciencia y echaron a correr locamente cuesta abajo como un montón de canicas rodando por la escalera.

Marcha de las canicas

Desde el desván
rodando van bajando las canicas,
brincando escalón por escalón
sin ton ni son,
saltando libres y locas.
Allá se van
sin nadie que pudiera perseguirlas,
huyendo por el gusto de correr
y de jugar
con sus rebotes de cristal.
Por la escalera tutiplén
van las canicas en tropel.
10, y 20, y 30 y 40 y más de cien.
Al escapar
se fueron cuesta abajo las canicas,
formando un torrente de bolitas
saltarinas
en alegre libertad.
Desde el desván
rodando van bajando las canicas,
brincando escalón por escalón
sin ton ni son,
saltando libres y locas.
Allá se van
sin nadie que pudiera perseguirlas,
huyendo por el gusto de correr
y de jugar
con sus rebotes de cristal.

Un documento interesante

Entre los ejemplares que forman la biblioteca de Cri-Cri, existe un volumen patiescrito, manuscrito habría sido si quien lo escribió hubiese tenido manos, pero siendo un loro el autor, sus líneas fueron pergeñadas, péndola en pata aunque cierto que a todas las "i" les puso el punto con el pico, ese curioso libro lleva por titulo, "Como hay que ser para llegar a ser" redactando por Periquín Plumero, vecino de una selva de palmeras, comienza con una dedicatoria "A mi hijo, para cuando yo sea papá", sus primeras paginas contienen la demostración irrefutable de lo ventajoso que es nacer loro, efectivamente cuando los papagayos duermen sus patas sujetan automáticamente la rama que los sostiene, los mortales civilizados, podrán terminar una pesadilla cayéndose de la cama pero, aun no se ha conocido a un loro amodorrado que se desplome del ramaje, además los papagayos, loritos y cotorras pronuncian palabras con tal facilidad que eso les da un carácter decididamente parlamentario.

En el tratado que escribió Periquín Plumero para el hijo que pudiera llegar a tener, después de enumerar las ventajas, que se derivan del lenguaje, aconseja:

Gallegada

Pobre galleguito
su borriquito
¡no quiere andar!
Este malditu y tontu
borricu, por caprichosu
¡no quiere andar!

Ay, iba pa'l pueblo
y hasta mañana
¡podrá llegar!
Si no caminas
te hagu añicus
de un garrotazu
¡por miña nai!
Se tendrán que quedar a dormir
bajo de las estrellas
que en Galicia son bellas de ver
en el cielo zafir...
Pobre galleguito
su borriquito
¡no quiere andar!

Consejos difíciles de seguir

Infinitos y muy sanos son los consejos que Periquín Plumero escribió para su futuro hijo por falta de tiempo sería imposible leer aquí todo lo patiescrito, pero veamos otro par de hojas, esta por ejemplo, dice:

Picudito mío todo lo que emprendas hazlo sin prisa, pero sin pausa, ya veras como rinde esta sistema si te da por la medicina no revuelvas las píldoras con las bolas de billar, si en leyes has de entender no creas que se llega a la barra de abogados a través de la barra de la taberna, que no te de por la ciencia pura o te sucederá lo que al sabio Don Infusorio Bacteriosaval, quien vivió absorto en los microbios hasta que los microbios terminaron por absorbérselo a él, tampoco vayas a caer en la tentación de ser artista, los artistas sienten mucho pero comen poco, el éxito les llega cuando ya no son sino un articulo histórico y no vayas a imitar a Cri-Cri que fue lo bastante tonto para meterse a trabajar de inteligente, estudia. ¡Si! Mas no te conviertas en pedante y sabelotodo o hasta tu propia sombra huirá de ti, acude al colegio y aprovecha lo que ahí se aprende incluyendo los puñetazos.

Caminito de la escuela

Caminito de la escuela,
apurándose a llegar,
con sus libros bajo el brazo,
va todo el reino animal.
El ratón con espejuelos.
De cuaderno el pavo real.
Y en la boca lleva el perro
una goma de borrar.
Cinco gatitos
muy bien bañados,
alzando los pies,
van para el kinder
entusiasmados
de ir por primera vez.
Caminito de la escuela,
pataleando hasta el final,
la tortuga va que vuela
procurando ser puntual.
Caminito de la escuela,
porque quieren aprender,
van todos los animales

encantados de volver.
El camello con mochila.
La jirafa con su chal.
Y un pequeño elefantito
da la mano a su mamá.
No falta el león,
monos también;
y hasta un tiburón.
Porque en los libros
siempre se aprende
cómo vivir mejor.
La tortuga por escrito
ha pedido a Santaclós
sus dos pares de patines
para poder ir veloz
para poder ir veloz.

Final trágico sin tango

En otro capitulo el paternal Periquín Plumero previene a su hijo contra los caprichos del carácter, porque hay temperamentos muy extraños dice, muchos tienen salud, tienen trabajo, y si no están como para arrebatar en la pantalla siquiera caminan derechos y peinan copete, pero lamentan su suerte, otros son listos, juegan al tú por tú con los logaritmos o con los idiomas mas viven amargados y creen que nadie los comprende, los pobres anhelan dinero, los ricos crían úlceras para crear más dinero y los millonarios tienen unas tragaderas que ya quisieran los hipopótamos, hijo mío, nacerás en un mundo extraño, aquí nadie esta conforme el planeta tierra debía llamarse planeta quejas, el libro de consejos de Periquín Plumero tiene una conclusión imprevista, fue escrito para orientar en la vida a un futuro hijo, sus paginas rebosan la más pura honradez, la moral más elevada, la preparación necesaria, para convertir a cualquier loro en eminente supercotorro; mas todo ese esfuerzo educador fue en vano, el hijo de Periquín Plumero no nació nunca el autor termina sus líneas confesando:

No pude casarme de joven por bobo, de maduro por mañoso y de viejo por tacaño, una preciosa lorita accedía a ser señora de Plumero con la condición de ser también señora de auto modelo de lujo, y con lo que cuestan esos cacharros renuncio a los consejos y al hijo que debió practicarlos, además estoy muy anciano ya se me cayeron todas las plumas y con la ultima de ellas antes de estirar la pata, escribiré la palabra fin.

Cri-Cri volvió a colocar el libro en su lugar ahí esta para quien desee consultarlo y como el día era hermoso Cri-Cri abandonó la biblioteca y salió a ver como galopan los caballitos

Los caballitos

Corren los caballitos
los grandotes y los chiquitos
porque allá en la caballeriza
la comida se sirvió
tienen ahí su alfalfa
fresca y verde como esmeralda
invitándolos a ponerse un atracón.
Todos ellos corren mucho
pero atrás uno quedó

un caballo con un callo
que al correr se le inflamó.
Corren los caballitos
los grandotes y los chiquitos
porque allá en la caballeriza
Doña Paja los llamó.
Corren los caballitos
los grandotes y los chiquitos
porque allá en la caballeriza
la comida se sirvió
tienen ahí su alfalfa
fresca y verde como esmeralda
invitándolos a ponerse un atracón.
Todos ellos corren mucho
pero atrás uno quedó
un potrito caprichoso
que al suelo se tiró
Corren los caballitos
los grandotes y los chiquitos
porque allá en la caballeriza
Doña Paja los llamó.

Receta de la felicidad

Por último, Cri-Cri prometió cantar tres canciones más y hablar todavía antes de decir adiós, que intenta decir que no haya dicho ya.

—Mi secreto —prometió Cri-Cri, un secreto fórmula o sistema para ser siempre feliz— esto se va a poner bueno, exclamó un vacidisco quien desde tiempo muy atrás nunca ha podido estar contento, no solo el vacidisco quimérico sino todo un alubión de seres montarases y neurasténicos se precipito a primera fila para escuchar el secreto de la felicidad, vivir dichoso es algo muy sencillo aseguro Cri-Cri a su auditorio, basta con sentirse pequeño. Yo no soy chiquito por que después de lo que sufrí siendo un grillo indefenso procuré convertirme en un señor de estatura superior a la acostumbrada, pero, me refiero al estado de ánimo admirar todo aquello que nos rodea es algo tan bueno que convierte al más miserable en fabuloso marajacha, los marajachas eran unos magnates de oriente que viajaban en elefante hasta para trasladarse a la habitación contigua, según los mayores, los niños se maravillan con las cosas mas tontas, es triste dejar de ser niño y suponer tontas las cosas que antes nos gustaban. El secreto de la felicidad consiste en seguir admirando las cosas pequeñas, porque, así como la riqueza se logra acumulando monedita sobre monedita, el agregar goces a otros goces, llega a formar una dicha completa, yo comencé por extasiarme ante el tesoro del armario de mi abuela, un gran ropero que no sólo contenía ropa antigua sino mil chucherías encantadoras.

El ropero

¡Toma el llavero abuelita
y enséñame tu ropero!
Con cosas maravillosas
y tan hermosas que guardas tú.
¡Toma el llavero abuelita
y enséñame tu ropero!

Prometo estarme quieto,
y no tocar lo que saques tú.
¡Ay qué bonita espada
de mi abuelito el Coronel!
Deja que me la ponga
y entonces dime
si así era él.
Dame la muñequita
de grandes ojos color de mar,
deja que le pregunte
a que jugaba con mi mamá.
¡Toma el llavero abuelita
y enséñame tu ropero!
Con cosas maravillosas
y tan hermosas que guardas tú.
¡Toma el llavero abuelita
y enséñame tu ropero!
Prometo estarme quieto,
y no tocar lo que saques tú.
Enséñame tu vestido
que hace ruidito al caminar,
y cuéntame cuando ibas
en carretera con tu papá.
Dame aquel libro viejo
de mil estampas, lo quiero abrir.
A los niños en estos tiempos
los mismos cuentos
nos gusta oír.

Geografía ingenua

Pero no vayan a suponer que toda la infancia la pase frente al ropero de mi abuelita añadió Cri-Cri, la inquietud de mis primero años me obligo a salir más lejos, ya había escuchado en el cuento de cierta gallina botijona que el mundo se extiende mucho más allá de la iglesia, después, en la escuela, aprendí que nuestro mundo es redondo y que se le puede dar la vuelta, como una hormiguita corriendo alrededor de una naranja. Eso me animó a hacer paseos cada vez mas largos, memoricé las callejuelas que cruzan las huertas, me atreví a pisar la falda de las montañas y mi temeridad me obligo hasta seguir el cauce del río, tan lejos que cuando retorne de noche a casa la aventura me costo una paliza. Sí, el mundo es muy grande y pocos serán aquellos que lo hayan recorrido con sus propias piernas, pero lo que me ha sorprendido de nuestro mundo es que sea redondo como una naranja, por eso, aquellos que están del otro lado, los chinitos tendrán que vivir de cabeza, postura divertida pero algo incomoda según comprobé colgándome al revés en el columpio sin embargo llegara algún día en el que la bondad y la justicia imperen en el mundo, entonces será posible enderezar a los chinitos.

Chon-Ki-Fu

El chinito estampado
en un gran jarrón
fue acusado de decir:
Yantse a mo ruating i pong
chon ki.
El chinito fue llevado

ante un mandarín
y al llegar le dijo así:
Yantse a mo ruating i pong
chon ki.
El chinito no quería
ya vivir en el jarrón
pues estaba dibujado
en las garras de un dragón.
El chinito fue obligado
a volver allí
pero antes dijo así:
Yantse a mo ruating i pong
chon ki.
Cierto día que pasaba
el emperador
el chinito le gritó:
Yantse a mo ruating i pong
chon ki.
Cien puñales apuntaron
a su corazón
pero el pidió perdón:
Yantse a mo ruating i pong
chon ki.
El monarca con clemencia
a sus guardias ordenó
le concedo la existencia
mas no sale del jarrón.
Por mil años el chinito
se quedo allí
y jamás volvió a decir así:

Yantse a mo ruating i pong
chon ki.

Atenta despedida

Quiero aconsejar —finalizó Cri-Cri—, quiero decir a todos ustedes antes de terminar mi serie de aventuras, que no traten de hacer lo que yo he hecho, será muy divertido entrar en el País de los Cuentos, es encantador tocar instrumentos y podrá parecer agradable escribir cien mentiras con faltas de ortografía pero aparte de esas pequeñas diversiones, la vida consiste en educar el esfuerzo, cada día hay que hacer más, siguiendo el consejo de los viejos, obedeciendo los mandatos de mamá y perdonando torpezas a niños que conocemos, hacer más, cada vez más así ha ido el mundo rodando y en sus vueltas aprendiendo, No destruir ni libros, ni animalitos, ni flores o arbolitos esbeltos, seremos cada vez más ricos queriendo ser cada vez más buenos, que aquel que piensa torcido lo perseguirán en el sueño cosas terribles y falsas envenenando su tedio.

Tango medroso

La voz del gallo
es horario del caballo.
La voz del perro
zozobra del ladrón.
La vieja puerta
de goznes que rechinan
temblando se despierta

con la voz del aldabón.
La luz del rayo
alumbra de soslayo.
El ronco trueno
dispara su cañón.
Y empieza a picar
sobre el tejado
el ritmo de la lluvia
como tango compadrón.
Allá, oculta en la noche
volando sin ruido va por doquier
siempre la buena lechuza
que todo lo sabe y todo lo ve.
Anda cazando
mil pesadillas
que como buitres
quieren caer,
caer en casas sencillas
turbando a la gente que piensa bien.
Pero la lechuza las ataca,
hace chuza, desbarata
y las tira con desdén.
Será tal vez que las noches
de negras tinieblas me dan terror;
como si algo muy raro
ande de puntillas a mi alrededor.
No soy valiente
ni lo remedo.
Yo siento miedo
de no sé qué.

Por eso grito: —¡Lechuza,
aquí has pesadillas, aprisa ven!
Ya que la lechuza las ataca,
hace chuza, desbarata
y las tira con desdén.

Adiós

En las comedias antiguas,
al final de la función,
solían recitar un verso
cuando ya caía el telón.
El verso daba y pedía,
con exquisitos primores:
las gracias al auditorio
y aplausos a los actores.
Como yo no soy poeta
ni tampoco un elocuente
para no meterme en líos
doy las gracias simplemente.
Pero pido fuerte aplauso
para mis muchos actores:
varios perros, cuatro gatos,
dos loros multicolores.
La lechuza, el pato ronco,
una cuadra de caballos,
un burrito medio tonto
y también un par de gallos.
El corpulento elefante,

un racimo de conejos,
muchas ranas del estanque
y sinfín de animalejos.
Enumerarlos completos
ni por pienso intentaré:
sería repetir de nuevo
toda el Arca de Noé.
Seres ingenuos, humildes,
que ignoran cuán bueno es serlo,
mas si ustedes no los quieren,
entonces ¿quien va a quererlos?
Repito mil gracias dobles
a nombre de los citados,
que a pesar de pelo y pluma
no andan equivocados.
Habiendo dicho y tocado
cuentos y cantos que alegran,
aquí terminan mis discos
que son nueve ruedas negras.
Por lo tanto digo adiós
aunque es duro escabullirse
pues, el que mucho se despide,
pocas ganas tiene de irse.
Y por fin, ya de camino,
tomo el rumbo acostumbrado,
salta y salta que te salta
a lo largo del teclado.

—¿Quién es el que anduvo aquí?
—¡Fue Cri-Cri! ¡Fue Cri-Cri!
—¿Y quién es ese señor?
—¡El grillo cantor!

TÍTULOS DE ESTA COLECCIÓN

Agustín de Iturbide
Agustín Lara
Álvaro Obregón
Antonio López de Santa Anna
Benito Juárez
Cuauhtémoc
David Alfaro Siqueiros
Diego Rivera
Dolores del Río
El Santo
Emiliano Zapata
Fidel Velásquez
Francisco I. Madero
Frida Khalo
Gabilondo Soler "Cri-Cri"
Germán Valdés "Tin Tan"
Joaquín Pardavé
Jorge Negrete
José Alfredo Jiménez
José Clemente Orozco
José María Morelos
José Vasconcelos
Juan Diego
Juan José Arreola
Juan Rulfo
Justo Sierra
Lázaro Cárdenas
Malintzin (La Malinche)
María Félix
Mario Moreno "Cantinflas"
Miguel Alemán Valdés
Miguel Hidalgo
Nezahualcóyotl
Pancho Villa
Pedro Infante
"Piporro"
Plutarco Elías Calles
Porfirio Díaz
Quetzalcoatl
"Resortes"
Rosario Castellanos
Salvador Novo
Sor Juana Inés de la Cruz
Venustiano Carranza

Está obra
se terminó de imprimir en julio del 2004 en
Litográfica Ingramex, S.A. de C.V.
Centeno 162-1, Col. Granjas Esmeralda
México, D.F.